Epístolas universales

Serie «Conozca su Biblia»

Epístolas universales

por Giácomo Cassese

Augsburg Fortress

MINNEAPOLIS

Esta serie

«¿Cómo podré entender, si alguien no me enseña?» (Hechos 8.31). Con estas palabras el etíope le expresa a Felipe una dificultad muy común entre los creyentes. Se nos dice que leamos la Biblia, que la estudiemos, que hagamos de su lectura un hábito diario. Pero se nos dice poco que pueda ayudarnos a leerla, a amarla, a comprenderla. El propósito de esta serie es responder a esa necesidad. No pretendemos decirles a nuestros lectores «lo que la Biblia dice», como si ya entonces no fuese necesario leer la Biblia misma para recibir su mensaje. Al contrario, lo que esperamos lograr es que la Biblia sea más leíble, más inteligible para el creyente típico, de modo que pueda leerla con mayor gusto, comprensión y fidelidad a su mensaje. Como el etíope, nuestro pueblo de habla hispana pide que se le enseñe, que se le explique, que se le invite a pensar y a creer. Y eso es precisamente lo que esta serie busca.

Por ello, nuestra primera advertencia, estimado lector o lectora, es que al leer esta serie tenga usted su Biblia a la mano, que la lea a la par de leer estos libros, para que su mensaje y su poder se le hagan manifiestos. No piense en modo alguno que estos libros substituyen o pretenden substituir al texto sagrado mismo. La meta no es que usted lea estos libros, sino que lea la Biblia con nueva y más profunda comprensión.

Por otra parte, la Biblia —como cualquier texto, situación o acontecimiento— se interpreta siempre dentro de un contexto. La Biblia responde a las preguntas que le hacemos; y esas preguntas dependen en buena medida de quiénes somos, cuáles son nuestras inquietudes, nuestra dificultades, nuestros sueños. Por ello estos libros escritos en nuestra lengua, por personas que se han formado en nuestra cultura y la conocen. Gracias a Dios, durante los últimos veinte años ha surgido dentro de nuestra comunidad latina todo un cuerpo de eruditos, estudiosos de la Biblia que no tiene nada que envidiarle a ninguna otra cultura o tradición. Tales son las personas a quienes hemos invitado a escribir para esta serie. Son personas con amplia experiencia pastoral y docente, que escriben para que se les entienda y no para ofuscar. Son personas que a través de los años han ido descubriendo las dificultades en que algunos creyentes y estudiantes tropiezan al estudiar la Biblia —particularmente los creyentes y estudiantes latinos. Son personas que se han dedicado a buscar modos de superar esas dificultades y de facilitar el aprendizaje. Son personas que escriben, no para mostrar cuánto saben, sino para iluminar el texto sagrado y ayudarnos a todos a seguirlo.

Por tanto, este servidor, así como todos los colegas que colaboran en esta serie, le invitamos a que, junto a nosotros y desde la perspectiva latina que tenemos en común, se acerque usted a estos libros en oración, sabiendo que la oración de fe siempre recibirá respuesta.

Justo L. González
Editor General
Julio de 2005

Contenido

Introducción general

En el Nuevo Testamento hay un conjunto de cartas que se conocen con el nombre de «epístolas universales». Son la carta de Santiago, las dos de Pedro, la de Judas y las tres de Juan. Estas cartas no fueron dirigidas a una persona o iglesia en particular. Su objetivo era más bien servir de ayuda a un conjunto más amplio de congregaciones diseminadas en varios lugares. Eusebio, uno de los padres de la iglesia del cuarto siglo, fue el primero en referirse a este grupo de cartas como una colección en sí misma. En algunos lugares se les llama «católicas», en referencia a su carácter universal. Ciertamente, su contenido puede aplicarse a muchos otros contextos.

Estas cartas pastorales también se llaman «universales» porque su temario o contenido doctrinal no aborda problemas particulares de una congregación en particular, sino que aborda asuntos de forma general, y por lo tanto, de aplicación y pertinencia más amplia. Son escritos de tipo «circular» porque eran leídas entre las iglesias de un área determinada. Una vez que la carta era leída por una congregación, circulaba entre otras comunidades de fe.

El contenido de estas cartas, al igual que en el caso del libro de Apocalipsis de Juan, no sólo sirvió para afianzar la doctrina cristiana, sino que fue además una gran fuente de consuelo para una iglesia perseguida, la iglesia de la diáspora. Estas iglesias atesoraron estas cartas y en muchos casos las reprodujeron para conservar una copia.

Otra peculiaridad de este conjunto de cartas es que son las únicas que tienen por autores a los «testigos oculares» del ministerio público de Jesucristo. Para ser aún más enfático, entre ellos se encuentran dos de sus tres discípulos más cercanos y sus propios hermanos. Esto tal vez podría sugerir que el contenido de las cartas sea la interpretación más «primitiva» (o menos elaborada) de la doctrina enseñada por Nuestro Señor Jesucristo. Por consecuencia las opiniones teológicas que derivan de estas cartas fueron de común aceptación por parte del círculo de apóstoles y por quienes constituyeron la primera comunidad cristiana.

Teología práctica

Estas cartas bien podrían servir de texto para cursos de teología pastoral. Esto se debe a que están nutridas de una experiencia, de una vivencia, es decir, son teología «práctica». Esto quiere decir que sobre los rieles construidos por los discípulos de Jesús se pueden transportar los materiales necesarios para una espiritualidad saludable y una acción pastoral efectiva.

Para decirlo de otra manera, estas cartas forman un reservorio de experiencia pastoral. Son algo así como un manual para instruir sobre la dinámica y expectativa de vida en las comunidades cristianas. Se puede decir sin temor a equivocarnos que son una especie de «código de ética cristiana» del primer siglo, y ahora un legado para nosotros.

Los temas abordados en las páginas de estas cartas ponen de manifiesto lo antes dicho. Asuntos tan domésticos como la oración diaria, la crianza de los hijos, normas y expectativas de los líderes, la defensa de la fe, la oración por los enfermos, etc., se cuentan entre las muchas cosas que construyen una teología para la vida cotidiana. No es una selección de «exquisiteces teológicas»; es más bien un enfoque teológico cristiano con los pies puestos sobre la tierra. Esta «teología artesanal», o «teología hecha en casa», fue un gran estímulo para la fe de los lectores del primer siglo, quienes pasaban por circunstancias adversas y no podían darse el lujo de filosofar o escarbar en una teología etérea o evaporada. La teología de estas cartas es hecha en las trincheras; de ahí su carácter simple pero no superfluo, beligerante pero no violento, contestatario y no contemplativo. Para una iglesia perseguida y marginada, esta teología práctica era una fuente de supervivencia.

La iglesia de la diáspora

La palabra «diáspora» significa dispersión, término utilizado tanto por Santiago (1.10) como por Pedro (1.1) en la introducción a sus respectivas cartas. ¿Cuáles eran las iglesias dispersas?

Jerusalén fue sin duda la cuna y sede principal del cristianismo. Como nos lo deja ver el capítulo 15 del libro de los Hechos, Jerusalén fue el lugar de encuentro del primer concilio de la iglesia. Jacobo (Santiago) fue la persona en presidirlo. Esto se debió a que Jerusalén era el epicentro del movimiento cristiano. Sin embargo el creciente nacionalismo judío había provocado la inestabilidad política en Palestina, que concluyó con represión militar y la eventual destrucción de la ciudad por Tito en el año 70 d.C. Esta persecución externa se sumaba a las persecuciones internas que los judíos ejercieron sobre los cristianos desde los tiempos del martirio de Esteban (Hch 7). La situación no podía ser peor para los creyentes. Esto les obligó a salir de Jerusalén como lo habían hecho otros cristianos anteriormente. Se esparcieron por muchos lugares, algunos tan remotos como Fenicia, Chipre y Antioquía de Siria (Hch 8.1;11.19). No pasó mucho tiempo antes que los cristianos de origen judío llegaran a muchos puntos de Europa y Asia Menor. Es a este último lugar donde creemos que estas cartas fueron enviadas originalmente.

La epístola de Santiago

Introducción

Como se sabe este grupo de cartas fue dirigido a iglesias donde probablemente la mayoría de la congregación era judía. Estos grandes grupos de exiliados políticos-religiosos salieron de Palestina a causa de la inestabilidad política y de las persecuciones religiosas. La intolerancia que los dos grupos religiosos judíos más importantes (saduceos y fariseos) desarrollaron contra los cristianos judíos precipitó la dispersión de muchos de ellos. Aunque esta situación es bastante común en el Nuevo Testamento, en esta carta se nota con mucha nitidez.

Ya desde antes del advenimiento del cristianismo había judíos dispersos por toda la cuenca del Mediterráneo y hasta Mesopotamia. Fue mayormente entre esos judíos de la «diáspora» o «dispersión» que tuvo lugar la primera misión cristiana, como se ve en el libro de Hechos. Pero en el siglo primero tuvo lugar en Palestina una escalada de sucesos que cambiaron de manera inesperada la situación para los judíos, y entre ellos la de los primeros grupos cristianos, que apenas se consolidaban en la cuenca del Mediterráneo. Los gobernantes judíos habían logrado obtener concesiones del gobierno romano que les permitían ejercer libremente su gobierno local y su religión. La situación cambió en unos pocos años, y las consecuencias repercutieron en todos los grupos sociales, políticos y religiosos.

En los nuevos lugares en donde se reubicaron, los judíos cristianos volvieron a reagruparse y fundaron nuevas congregaciones. Estas nuevas comunidades de fe fueron seguramente atendidas pastoralmente por un liderazgo igualmente precipitado por lo súbito de los cambios. Es muy probable que esta fuera una de las razones más urgentes para escribir e instruir a esas nuevas iglesias. Además, las continuas persecuciones imperiales hacían que el exilio fuera todavía más tortuoso. Dichas persecuciones comenzaron con Nerón en el 64 d.C.

Santiago, hermano de Jesús

En lo que tiene que ver con la paternidad literaria de la carta, hay diversidad de opiniones entre los eruditos bíblicos. A pesar de esa variedad de opiniones, una buena parte de los cristianos le atribuyen a Santiago, el hermano de Jesús, la paternidad literaria de esta obra.

La razón por la que en español se le llama al autor «Santiago» en vez de «Jacobo» (como aparece en los originales griegos del Nuevo Testamento), es para diferenciarlo de los otros Jacobos entre los discípulos de Jesucristo. En español el nombre puede ser traducido de ambas maneras. En español, «Jacobo» era originalmente «Iago». Por eso se le llamaba a Jacobo «Sant'Iago». De ahí viene el nombre de «Santiago».

Nuestro Señor contó con varios Santiagos entre sus discípulos, pues éste era un nombre muy común. Uno era Jacobo hijo de Alfeo (Mt 10.3; Mc 3.13; Lc 6.15; Hch 1.13), de quien nada se sabe, excepto que era hermano de Mateo (Leví) el recogedor de impuestos, también discípulo de Jesús. Otro era Jacobo el hijo de Zebedeo (Mt 10.2 ;4.21; Mc 1.19; 3.17; Lc 6.14; Hch 1.13) quien era hermano de Juan «el discípulo amado», y por lo tanto primo de Jesús. No es probable que este Jacobo fuera el autor de la carta, ya que fue uno de los primeros apóstoles en experimentar el martirio. Fue arrestado por órdenes de Herodes Agripa y ejecutado probablemente el mismo año 44 d.C. Sin embargo, en la tradición católica es mayormente considerado el autor de la carta ya que se sostiene que Jesús no tuvo hermanos. Hay también un Santiago o Jacobo «el pequeño» o «menor» mencionado en Mc 15.40; Mt 27.56 y Jn 19.25, de quien nada se sabe. Finalmente tenemos a Santiago llamado el hermano del Señor (Mt 15.55; Mc 6.3 y Gl 1.19). Por las referencias que encontramos en varios lugares de los evangelios (Mt 12.46-50; Mr 3.21-31.35), vemos que sus hermanos no estaban envueltos en el ministerio público de Jesús. Juan en su evangelio lo dice así: «Porque ni aun sus hermanos creían en él» (Jn 7.5). Sin embargo, después de la resurrección las cosas cambiaron de manera radical, pues se afirma la participación de los hermanos de Jesús en el libro de los Hechos: «Todos estos perseveraban unánimes en la oración y ruego, con las mujeres y con María la madre de Jesús, y con sus hermanos» (Hch 1.14).

Santiago el hermano de Jesús, quien creemos fue el autor de esta obra, llegó a ser uno de los líderes más sobresalientes de la primera generación de cristianos, al punto de que se le llama primer obispo de Jerusalén. Fue él quien presidió el primer concilio de la iglesia en Jerusalén (Hch 15). Es evidente que el que Santiago fuese obispo no tiene ninguna referencia bíblica, y es por lo tanto incierta —aunque Clemente y otros padres de la iglesia se refieren a él de esta manera. No hay duda que Santiago descolló en su rol de líder en Jerusalén (Mc 12.17) y Pablo mismo da testimonio de que el Señor Jesús se le apareció después de la resurrección (1 Co 15.7). Es muy probable que ese encuentro fuese decisivo en su conversión. A Santiago también se le conoció como el «Justo» y se cree que estaba casado (1 Co 9.5). Se le atribuye haber escrito la carta a los hermanos gentiles (Hch 15.13-23) y de aconsejar a Pablo en su ministerio (Hch 21.18) —quien por cierto, lo describió como «una columna de la iglesia» (Gl 2.9). Es muy seguro que esa opinión sobre Santiago la formase Pablo después de compartir con él en Jerusalén, Pablo una vez terminado su primer viaje misionero (Gl. 1.19). Desde entonces parece haber emergido una amistad entre estos dos pioneros del evangelio. En su última visita a Jerusalén Pablo se encuentra con Santiago y deja en su poder la ofrenda de la iglesia gentil para la iglesia de esa ciudad (Mc 21.18).

El caso es que Santiago llegó a ser muy respetado por la iglesia del primer siglo, al punto de que su nombre fue utilizado por los «judaizantes» para facilitarse la entrada en las iglesias fuera de Jerusalén (Gl 2.12), y el mismo Judas usa como referencia el hecho de que es hermano de Santiago (Jud 1.1). Santiago era una verdadera institución en Jerusalén; un hombre respetado y gran benefactor de los pobres de esa ciudad —así lo aseguran Josefo y otros autores. Su elevada estima y posición de «obispo» es mencionada por el historiador Hegesibro y por los padres de la iglesia: Clemente de Alejandría (150-215 d.C.) y Jerónimo (345-420 d.C.). La intención de la carta va de la mano con el rol que hemos descrito de Santiago.

El martirio de Santiago

El prestigio, notoriedad y protagonismo de Santiago hicieron que fuera conocido de las elites políticas que gobernaban al pueblo judío. Aprovechando la transición tras la muerte del gobernador Festo, los escribas y fariseos —organizados por el Sumo Sacerdote Ananás— convencieron al sanedrín sobre un plan para arrestar a Santiago.

Una vez que Santiago estuvo bajo el cautiverio de los judíos, se le propuso que con ocasión de la Pascua, hablase públicamente para persuadir a los muchos presentes a cambiar su opinión sobre Jesús. Esto se debía a que el mensaje de los apóstoles, de que Jesús era el Mesías (el Cristo), se había diseminado por toda Palestina. Lo que se buscaba era que este líder prominente y portavoz de la iglesia se desdijera públicamente y negase la veracidad de la enseñanza sobre la resurrección del Señor. Esto nunca sucedió.

La muerte de Santiago se puede ubicar aproximadamente en el año 62 d.C., y algunas informaciones respecto a su muerte se encuentran reseñadas por padres de la iglesia. Según Josefo en *Angigüedades* (1.209), la respuesta ofrecida por Santiago a la elite gobernante de Israel fue muy clara: «¿Por qué me preguntan acerca de Jesús hijo del hombre? Él está sentado a la diestra de la suma virtud y ha de venir en las nubes del cielo». Entonces los judíos se enfurecieron y lo dejaron caer desde lo alto, pero Santiago no murió sino que adoptó la posición de oración y dijo: «Padre perdónalos porque no saben lo que hacen». Acto seguido la turba tomó piedras y las descargaron sobre él hasta llevarlo a la muerte.

Una carta para inspirar un cristianismo radical

La carta de Santiago a los cristianos de extracción judía fuera de Israel es un verdadero llamado a vivir con altas expectativas éticas, y es por tanto un manual para cristianos audaces, tenaces y radicales. En el transcurso de los 108 versos en los que se divide la carta, hay 54 imperativos, lo cual implica una expectativa clara de una vida ética superior.

Es muy importante destacar que el cristianismo de la diáspora es originalmente de extracción judía, por lo que en la mayor parte del primer siglo permanecía vinculado a Jerusalén, donde estuvo la sede del movimiento cristiano. La composición interna de la carta no parece girar en torno a un asunto particular. Esto implica que su interpretación puede bien hacerse en fragmentos individuales, sin perder por ello la dinámica de todo el conjunto. La carta de Santiago parece más bien una colección de enseñanzas o de opiniones sabias al estilo de los comentarios rabínicos. No es extraño que muchos estudiosos del Nuevo Testamento vean en la carta de Santiago un ejemplo de literatura «sapiencial», es decir, escritos de sabiduría.

Lo importante es, en todo caso, que en la carta hay una tensión permanente entre la exhortación ética y el discurso inspiracional. No hay duda de que detrás de cada frase hay un cristiano que habla a partir de experiencias reales, de situaciones vividas. No se trata de un teólogo profesional, sino de un empírico pastor-teólogo que escribe sin dejar a un lado su corazón. Lo que podríamos concluir al tratar de leer toda la carta de manera panorámica es que los denominadores comunes de la iglesia de Cristo están en una práctica de valores y principios éticos distintivos. Santiago tiene un perfil claro de quién es un cristiano. No podría ser de otra manera en tiempos de tal adversidad.

La mente teológica de Santiago propone un contraste entre la dinámica de cómo opera «el mundo», y la realidad de Dios. Estas dos dimensiones se excluyen mutuamente. Una promueve los valores y principios de las tinieblas, y la otra la ética o el orden de Dios. Ese contraste se puede ver en la «mente maestra» que opera estratégicamente al interior de estas realidades: «sabiduría de lo alto» frente a la «diabólica». Está muy claro en la teología de Santiago que el cristiano y la iglesia son participantes activos de una guerra entre el bien y el mal. En esa realidad no hay lugar para incertidumbres e indiferencias respecto a la responsabilidad cristiana. Las demandas éticas del autor son imperativas.

Ubicar exactamente la fecha en que la carta fue escrita es algo complicado. Algunos eruditos piensan que el autor de la carta pudo ser Santiago, el hermano de Jesús. Son ellos quienes tienden a ubicarla antes del concilio que tomó lugar en Jerusalén. De ser así, data del 49 d.C, aproximadamente. Sin embargo otros, al analizar otras pruebas internas o externas, la ubican en los últimos años de su vida, entre el 57 y el 60 d.C. Con seguridad fue escrita antes de la destrucción de Jerusalén.

Bosquejo de la carta

Como se ha dicho, el autor está muy interesado en presentar una selección de asuntos relevantes para comunidades de fe, pero sin una idea hilvanada permanente. La obra es un mosaico de temas sobre los cuales se teje una enseñanza para la vida cotidiana (ética cristiana).

Para efectos de este estudio, nuestro bosquejo de la carta de Santiago es el siguiente:

1. Saludo (1.1)
2. La ética cristiana ante las pruebas (1.2-12)
3. La ética cristiana ante las tentaciones (1.13-18)
4. La dinámica de la ética cristiana: la Palabra (1.19-27)
5. La ética cristiana ante las riquezas (2.1-13)
6. La dinámica de la ética cristiana: fe y acción (2.14-26)
7. La ética cristiana ante el uso de la lengua (3.13-12)
8. La dinámica de la ética cristiana: la sabiduría divina (3.13-18)
9. La ética cristiana ante el mundo (4.1-17)
10. La ética cristiana ante las relaciones de producción (5. 1-6)
11. Misceláneas éticas (5.7 -20)

Comentario

1. Saludo (1.1)

Santiago comienza saludando a quienes dirige su carta. Hay dos cosas que se deben destacar en este saludo: la descripción que él da de sí mismo y la descripción que da de su audiencia. El autor se describe a sí mismo como «siervo de Dios y del Señor Jesucristo». Santiago no usa el término «apóstol» ni ningún otro título para describirse. No utiliza el título de obispo, aunque según Clemente de Alejandría los apóstoles Pedro y Juan lo habían elegido para ese cargo —esto por supuesto de acuerdo a la tradición, ya que no hay ninguna referencia bíblica que lo afirme. Por otro lado, hay una discusión entre eruditos del Nuevo Testamento sobre el uso del término «obispo». Algunos sugieren que dicho término no fue utilizado en el contexto de la iglesia primitiva. Lo que sabemos es que esta palabra, al igual que otras que fueron utilizadas para destacar rangos y funciones dentro de la iglesia, fue tomada de la jerga militar y civil, y connotaba funciones específicas de supervisión.

El caso es que Santiago sólo hace alarde de ser «siervo». La palabra significa «esclavo». Utilizar esa palabra en aquellos tiempos sin duda tenía una connotación fuerte, pues los esclavos existían en la vida real. No era por lo tanto un asunto semántico o puramente analógico, sino que trataba de comunicar una función real. Santiago era el hermano de Jesús, es decir, el de más proximidad entre sus seguidores. Sin embargo, no se describe a sí mismo como «el hermano de Jesús», sino más bien como «esclavo de Jesucristo». Esclavo era uno que no tenía derechos propios, a quien se le eximía de cualquier privilegio. Por lo tanto, quien se considera voluntariamente esclavo de otro está dispuesto a obedecer incondicionalmente y con humildad a aquel otro de quien es esclavo. Esa autodescripción de sí mismo como esclavo es algo más que un adorno literario. La vida y muerte de Santiago probaron su resolución de ser esclavo voluntario de Jesucristo.

Esta forma en que Santiago elige presentarse en su escrito puede ser también representativa de las funciones y de las estructuras dentro de la iglesia del primer siglo. Aquellas estructuras todavía incipientes albergaban muy pocas complicaciones burocráticas. Los líderes eran verdaderos siervos, es decir, no eran burócratas eclesiásticos ajenos a la dinámica interna de las comunidades de fe, sino personas completamente accesibles y que acompañaban humildemente la vida de sus feligreses.

Las doce tribus de Israel

Santiago se refiere a sus destinatarios con un título representativo, dadas las circunstancias en que estos cristianos vivían y su parecido al de Israel tras salir de Egipto. Después de salir y cruzar el desierto, los hijos de Israel buscaron llegar a la tierra prometida por Dios. Es probable que esta sea la imagen que el autor tiene en mente, pues ya las doce tribus de Israel no existían como tales. Las imágenes del Antiguo Testamento están muy frescas en los autores del Nuevo Testamento. La imagen elegida por Santiago (las doce tribus de Israel) indica que su audiencia está compuesta por judíos que han tenido que abandonar la tierra prometida. De esta manera el autor logra establecer un puente comunicacional, una especie de identificación entre él y su audiencia.

Después de la invasión de los asirios a Samaria (1 R 17.23; 1 Cr 5.26) diez de las doce tribus de Israel —es decir, las del reino del norte— fueron llevadas al cautiverio o desarraigadas de su tradición sociocultural. El híbrido social llamado «los samaritanos» es el resultado del cruce racial de hebreos con pueblos paganos. Entre los muchos que nunca regresaron y los que se vieron obligados a mezclarse se perdieron diez tribus de israelitas, quedando sólo la tribu de Judá y parte de la tribu de Benjamín. Esto explica el que Pablo sea un hebreo que pertenecía a esa última tribu (Flp 3.5).

Tenemos entonces que la expresión «a las doce tribus de Israel», es una referencia a todo el pueblo judío-cristiano que había salido de Jerusalén en un exilio forzado. Los exilios para Judá comenzaron tan temprano como en tiempo de los babilonios, cuando Nabucodonosor invadió Jerusalén en el 587 a.C. (Jer 52.28). Luego fue Pompeyo el general romano quien en el 63 a.C. tomo la ciudad de Jerusalén y llevó a muchos judíos a Roma. En el tiempo después de la resurrección, los motivos fueron diversos: por un lado la represión religiosa de los partidos más influyentes de Israel (saduceos y fariseos), por otro las oportunidades de integrarse a colonias judías fuera de Palestina, y en tercer lugar la descalabrada inestabilidad política en aquella región, que llegaría a colapsar definitivamente bajo la intervención de Tito (70 d.C.). Tito, en su calidad de militar al mando de los ejércitos romanos, cerca e invade la ciudad de Jerusalén en el año 70 d.C., produciendo una masiva desbandada de judíos. El templo construido por Herodes fue destruido, así como otros lugares importantes de la Ciudad Santa. Desde aquel momento en adelante, las sinagogas emergerán como los espacios religiosos de mayor protagonismo entre los judíos.

Al tomar en cuenta lo antes dicho, la expresión «a las doce tribus de Israel» resulta ser una profunda afirmación teológica donde se ve a la iglesia cristiana como el verdadero pueblo elegido por Dios. Quienes están unidos en fe a Cristo son parte de la iglesia, «el Israel espiritual». Por medio de la fe, la iglesia también está bajo la promesa abrahámica (Gl 3:29).

2. La ética cristiana ante las pruebas (1.2-12)

Los primeros lectores de Santiago sabían muy bien que el ser cristianos era un estilo de vida de grandes complicaciones. Estar en medio del fragor de las pruebas era el estado normal de las cosas. Alguien dijo que los cristianos son como las bolsitas de té, que no muestran lo que son hasta que el agua hierve. Los cristianos de la diáspora vivían dentro del agua en ebullición. Las pruebas eran algo de la cotidianidad. Lo sorprendente en todo caso es que Santiago les diga «gozaos profundamente». La dinámica de la fe pone al creyente en una situación paradójica.

Es importante definir en este punto lo que significa la palabra gozo en el contexto de la fe cristiana. El gozo no es un estado puramente emotivo producto de circunstancias favorables, sino que en el contexto bíblico el gozo es una actitud positiva ante la vida que emerge de férreas convicciones. El gozo cristiano deriva de saber que Dios es fiel y sus promesas cuentan siempre a nuestro favor. Esto no quiere decir que las circunstancias no crean el gozo cristiano. Lo que sucede es más bien que, por la fe, las promesas de Dios son contadas ya como certeza. Así que, cuando el apóstol les pide a estas comunidades tener gozo en medio de las pruebas, les está pidiendo activar su fe, abrazarse a las promesas divinas, y no sucumbir ante las circunstancias negativas en las que estaban inmersos. Tener gozo no es caminar con una sonrisa desatinada en la boca ni negar la realidad adversa con frases optimistas, sino que el gozo que Dios da produce profunda serenidad y certidumbre en medio de las tempestades de la vida.

A simple vista, lo que Santiago les pide a estos cristianos parece algo descabellado, hasta fuera de toda lógica. Naturalmente el argumento de Santiago no es que el ser probado sea en sí mismo bueno. Ningún sufrimiento es bueno en sí, excepto cuando sufrimos por hacer lo correcto: Amar a Dios y a nuestro prójimo. La prueba es una situación momentánea que induce a hacer que la fe produzca paciencia.

La fe tiene que traducirse en virtud, en actos concretos, en vida diaria. La prueba hace posible que la fe sea más que un acto pasivo. La fe verdadera se manifiesta en actos de amor. Entonces tenemos que de la fe emerge la paciencia gracias a la prueba. Es importante destacar que la prueba es lo mismo que la tentación. Las pruebas vienen de Dios y son oportunidades para desarrollar nuestra fe y crecer espiritualmente. En tanto que las tentaciones son situaciones malévolas que tienen su origen en el destructor, sólo persiguen un objetivo permanente: hacernos tropezar y debilitar nuestra fe.

Santiago habla de la «paciencia» como el resultado deseado de la fe puesta a prueba. Pero la paciencia no debe tomarse como una actitud de resignación o rendimiento. La paciencia significa todo lo contrario.

Paciencia no es la espera pasiva de un desenlace trágico inevitable, sino importunidad, constancia, resistencia, perseverancia. Ser pacientes es insistir cuantas veces sea necesario; es permanecer incólumes, inmovibles en nuestras convicciones. Ser paciente consiste en fracasar tres veces e intentarlo la cuarta. Paciente es quien con firme resolución insiste en hacer lo que Dios le ha pedido hacer.

La vida de fe no está basada en las emociones o en lo que percibimos por medio de los sentidos, ni depende exclusivamente de nuestra racionalidad o inteligencia. La vida de fe está arraigada en convicciones profundas, en verdades esculpidas por el Espíritu Santo en nuestros corazones. Sin prueba no se forman las convicciones. Las convicciones surgen de la oposición y de la obediencia a la Palabra en medio de esa oposición.

Ser pacientes es permanecer obedientes a la voluntad divina revelada en su Palabra. Es insistir en obedecerle a pesar de la oposición. El asunto de la prueba que engrandece al producir paciencia es como el judo, en donde se enseña a utilizar la fuerza del oponente en beneficio de quien es atacado. En la experiencia de fe cristiana la prueba tiene una fuerza contraria que debemos utilizar para nuestro fortalecimiento. Las persecuciones de las que fue objeto la iglesia primitiva nunca pudieron desmoralizarla, por el contrario, la sangre de los mártires hizo germinar más fe que antes en la iglesia. Ningún mártir jamás murió triste o arrepentido, sino fortalecido, convicto y constante. La prueba es inevitable para quien anhela la perfección. En el fragor de las pruebas, la fe se robustece.

En el versículo cinco se añade el tema de la sabiduría y se dice que está accesible a quien la pide con fe. La sabiduría era de gran importancia para los judíos, para quienes tenía una connotación especial. A diferencia del conocimiento, la sabiduría no estriba en estar bien informado, porque tiene que ver más con la voluntad que con la habilidad intelectual. La ley de Dios era considerada fuente de sabiduría, un acto de conocimiento. La sabiduría sirve para formar los criterios de vida, el carácter humano. Por lo tanto, la sabiduría no tiene por fin hacernos seres intelectuales incisivos y elocuentes, sino personas simples pero tan maduras que no solo saben distinguir entre el bien y el mal, sino que también toman decisiones correctas, y por ellas dirigen sus vidas.

Toda prueba conlleva la necesidad de tomar una decisión correcta. Es por eso que Santiago conecta el tema de la prueba al de la sabiduría. La sabiduría es el arte de saber vivir. La sabiduría está basada en experiencias; pero en experiencias utilizadas para crecer —es decir, experiencias que traen constancia en relación con lo que hemos resuelto seguir. Una persona sabia no es quien ha pasado por muchas experiencias, sino quien ha aprendido mucho de cada una de ellas. No es repetir la experiencia lo que nos hace sabios, sino permitir que la experiencia nos enseñe.

La prueba es tan importante para el crecimiento espiritual de los creyentes, que Dios no la erradica de nuestra vida. Jesús es el gran ejemplo de resistencia ante la prueba. En el Monte de los olivos (Getsemaní), Jesús ora con gran insistencia pidiéndole al Padre que si es posible haga pasar de él ese trago amargo. El Padre responde a la oración de Jesús, y la respuesta es ¡no! Jesús tuvo que pasar por la gran prueba de la cruz, y todo esto para cumplir con la voluntad del Padre. Y hasta el mismo Jesús obtuvo de esa experiencia un aprendizaje, pues el autor de Hebreos nos hace saber lo siguiente: «Y, aunque era Hijo, a través del sufrimiento aprendió lo que es la obediencia...» (Heb 5.8).

La ética cristiana ante las pruebas es una actitud positiva basada en la fe. Es persistencia en creerle a quien es el objeto de nuestra fe: Jesucristo. Persistir es la conducta correcta. Persistir es amar cuando nos odian. Persistir es proclamar cuando nos amenazan. Persistir es hacer el bien cuando nos hacen mal. La escena de Pablo y Silas en la cárcel de Filipos (Hch 16.16-40) es la mejor ilustración de la constancia en medio de las pruebas. Ambos permanecieron constantes en alabar al Señor en medio de las circunstancias adversas. Aquella alabanza era una proclamación de dependencia, de fe en Dios. Esa es la ética cristiana ante las pruebas.

3. La ética cristiana ante la tentación (1.13-18)

Aunque son de distinta naturaleza que las pruebas, se espera que un cristiano pueda resistir las tentaciones y obtener resultados favorables para su vida. Las tentaciones son pruebas que tienen origen y propósito distinto: radican, según Santiago, en nuestra naturaleza pecaminosa (v.14 – 15) y su fin es destructivo. Debemos recordar también que Satanás se presenta en las Escrituras como «el tentador» (1 Ts 3.5) —esto, debido a la tentación en que caen Adán y Eva, y también la tentación en el desierto durante los 40 días de ayuno de Nuestro Señor (Lc 4.1 – 13). Satanás no logró su objetivo, ya que Jesús rechaza la tentación al utilizar eficazmente la Escritura. Es por eso, entre otras razones, que a Jesús se le conoce como el segundo Adán. En vez de atraer sobre sí muerte sucumbiendo ante la tentación, trajo sobre sí vida al resistirla.

Santiago comienza diciendo que quien soporta el tiempo de tentación es «bienaventurado» —es decir, que es inmensamente feliz. No es para menos, pues en esta vida y en la futura, vencer sobre la tentación trae recompensas. El autor menciona «la corona de la vida», como si se tratase de una carrera que demanda todo esfuerzo y concentración, pero también ofrece una gratificación al vencedor. La corona simboliza triunfo, un objeto de gozo y honra. Pablo consideraba a los creyentes de Filipo y de Tesalónica como su corona (Flp 4.1; 1Ts.19). En todo caso la corona es el resultado de arduo trabajo y dedicación. Es por lo tanto símbolo importante que debemos comprender. En el Apocalipsis se le exhorta a la iglesia de Filadelfia: «retén lo que tienes para que ninguno tome tu corona» (Ap 3.11). En el contexto de este mensaje a la iglesia de Filadelfia, se está hablando precisamente de permanecer «constante» y seguir obedeciendo la voluntad de Dios a pesar de la lucha (v 9 -10). También vemos que el contexto de esa lucha es una «tentación».

Todo esto nos lleva a concluir que la tentación es todo aquello de procedencia diabólica o humana, que nos arrastra fuera del plan de Dios para nuestras vidas. Vivir fuera de la voluntad de Dios es vivir extraviados. Lo contrario es precisamente la intención de la tentación. La corona es el premio a la constancia, a la resuelta voluntad de permanecer obedientes al Señor. El criterio último para poder diferenciar la prueba de la tentación, es saber cuál es la voluntad de Dios. La tentación nunca está alineada con la voluntad de Dios. Al contrario, su único fin es apartarnos de ella. Es por eso que al ceder ante la tentación, lo único que se ha impuesto es nuestra propia voluntad humana o la voluntad del enemigo.

En los versículos 13 y 14, Santiago deja claramente establecida la responsabilidad humana ante la tentación. Por un lado aclara que Dios no puede ser su origen. Aunque no se menciona la posibilidad de su origen diabólico, esa omisión es verdaderamente significativa. Lo que el autor quiere establecer es que Dios no tienta ni puede ser tentado. Además, aunque la tentación sea satánica, la responsabilidad sigue siendo del humano y muy particularmente del cristiano. En otras palabras, no podemos culpar ni a Dios ni al diablo por los pecados que cometemos, porque en definitiva son nuestras propias malas decisiones. Si pudiéramos culpar al diablo bajo la premisa de que nuestros errores son el resultado de una tentación, eso nos libraría de nuestra responsabilidad para con Dios. Esto trae a colación el viejo debate sobre «el libre albedrío» —es decir, si nuestra voluntad está libre o si es esclava de nuestra naturaleza pecadora. Por eso, Santiago deja claro que el pecado sigue siendo enteramente nuestra responsabilidad.

Santiago explica en detalle el proceso de la concepción del pecado, enfatizando como dijimos en la responsabilidad individual. Por eso usa los términos «cada uno es tentado» y «de su propia pasión». En todo caso ya no podemos excusarnos de nuestros actos como Adán y Eva intentaron hacer después de sucumbir ante la tentación. Es por eso que el autor explica que la tentación hace posible que se manifieste lo peor que hay en nosotros: el pecado (naturaleza opuesta a Dios) —de la misma manera que antes vimos que la prueba hace posible que se manifieste lo mejor de nosotros: la fe (la obra del Espíritu de Dios en nosotros). Como podemos ver, la prueba le da paso a que el Espíritu de Dios quede en control de nuestro ser, mientras que la tentación es una gran oportunidad para que nuestra naturaleza caída lo controle todo.

El pecar tiene su propia dinámica según Santiago, primero cuando uno es atraído y seducido por su propia pasión. Este es el primer ingrediente en la fórmula del pecado, lo cual viene a ser como el solvente en una ecuación química, es decir, la sustancia que sirve de base. Nuestra propia naturaleza imperfecta es la base del pecado; el mal que está en nosotros nos atrae hacia lo malo. Esa es la tendencia natural de los seres humanos. En ese sentido todo aquello que nos «atrae y seduce» se convierte en tentación. Esto quiere decir que la tentación es aquello fuera de nosotros que activa el mal que está en nosotros. Esto se debe, como decía Jesús, a que no es lo que entra sino lo que sale de nosotros lo que nos contamina —en otras palabras, el mal habita en nosotros. Es a esto a lo que el apóstol Pablo llama vivir en un cuerpo de muerte (Ro 7.21-25).

Lo segundo en esta fórmula del pecado es cuando: «la pasión después que ha concebido, da a luz el pecado». Se trata de la manifestación o materialización del pecado en acciones. El término «pasión» se refiere a deseos —en este caso, deseos orientados al mal que están en nosotros y son estimulados por la tentación. Aun después de unirnos a Cristo estos deseos son parte de nosotros. Por eso Pablo ordena: «huye de las pasiones de la juventud» (2 Ti 2.22), y dice: «los que son de Cristo han crucificado la carne con sus pasiones y deseos» (Gl 5.24). Tenemos entonces que las pasiones de nuestra naturaleza humana se activan por medio de la tentación, y finalmente se manifiestan en acciones destructivas. Sin apelar a nuestra condición de pecado, la tentación no surtiría su efecto.

También se afirma en esta sección algo sumamente triste, pues se dice que el pecado «da a luz la muerte». La ética cristiana ante la tentación está basada en el entendimiento de que toda tentación desemboca en la destrucción total: en la muerte. Por lo tanto, el cristiano no pacta, no transa con la tentación, que nunca podría ser reconciliada con nada bueno. En pocas palabras, la tentación es el traje de luces que viste la muerte. Como lo indica el versículo 16, lo bueno viene de arriba, es decir, de parte de Dios. Esto quiere decir que la tentación debe ser rechazada por pertenecer a otra fuente que no es la divina. La ética cristiana opta por la vida; la tentación es la opción de oponerse a la vida. De ahí que ésta traiga muerte. Toda tentación es siempre el preludio perverso con que desfila la muerte.

4. La dinámica de la ética cristiana: la Palabra (1.19-27)

Toda esta sección está centrada en una declaración fundamental, que es a su vez la dinámica operativa de la ética cristiana: la palabra de Dios es para vivirla. Nuestra vida está normada por la Palabra. En la mentalidad hebrea la acción de oír y obedecer están unidas. Por lo tanto la expresión: «sed hacedores de la Palabra» parece redundante. Pero al estar unida a «y no tan solamente oidores», sirve como manera de subrayar algo impostergable. La Palabra tiene su origen en Dios. Como sabemos, ya desde el libro de Génesis, la palabra de Dios es creadora y vivificadora, ya que por la Palabra Dios creó al universo, y por la palabra hizo al ser humano un ser viviente. Esto quiere decir, que la Palabra produce actividad, genera vida. Por eso encontrarse con la Palabra siempre implica transformación.

Vivir la Palabra es posible sólo cuando nos sujetamos al Espíritu quien la inspiró. Hacer que la palabra inspirada de Dios sea una experiencia, es sólo obra del Espíritu Santo. El Espíritu Santo es la ley de Dios en nosotros (Jer 31.33), por lo que obedecer al Espíritu (vivir en el Espíritu) es obedecer la Palabra de Dios. El Espíritu que inspiró la Palabra nos inspira a nosotros para ponerla en práctica.

Cristo es la Palabra encarnada; el Espíritu se ha encarnado en nosotros para que seamos como Cristo; esto es lo que en esencia significa obedecer su Palabra: ser como Cristo es. No puede haber nunca un perfil para la vida cristiana separado de la Palabra divina. Muy por el contrario, el criterio humano nunca puede ser normativo de la ética cristiana. Esto significa básicamente que no es nuestro contexto ni las circunstancias internas de nuestra existencia humana las que determinan cómo debemos vivir; para el cristiano las prerrogativas de vida cristiana no pueden ser otras que las establecidas por la Palabra. Jesucristo es el perfil de vida cristiana. La voluntad de Dios es que crezcamos a la medida de la estatura del varón perfecto; Dios no intenta bajar su nivel de expectativa. Cristo es el único perfil posible ya que él mismo es la Palabra encarnada.

Santiago menciona aquí la religión «pura y sin mancha», la cual describe como una actividad práctica, donde la Palabra se encarna en una acción profunda de amor. El problema que Jesús veía en los fariseos de su tiempo era que a pesar de saber la Palabra (la perfecta ley), no la practicaban. Los fariseos representaban esa religión impura, la de oír sin practicar. La «perfecta ley» es la ley de Cristo, la cual siempre consiste en amor encarnado, en vidas comprometidas de servicio a los demás (Gl 6.2). Siempre se ha dicho que quien no vive para servir no sirve para vivir.

5. La ética cristiana ante las riquezas (2.1-13)

La observación fundamental sobre la cual comienza esta sección es «que vuestra fe...sea sin acepción de persona». El argumento posterior del autor es que las diferencias socio-económicas son la causa de la distinción entre una y otra persona. Por medio del contraste entre «ricos» y «pobres», el autor ejemplifica las tensiones propias de la sociedad humana y cómo esa polarización busca entrar a la iglesia. Los principios de la sociedad injusta y estratificada no deben alterar los criterios éticos de la comunidad de fe. Tenemos entonces, basados en el testimonio de Santiago, que los ricos en el contexto de la sociedad grecorromana fueron tradicionalmente poco receptivos a la fe cristiana. Las comunidades cristianas primitivas estuvieron formadas en su mayoría por las clases sociales más necesitadas. El cristianismo fue desde sus orígenes un movimiento proletario. En conocimiento de esta realidad, Santiago juzga importante dar algunas directrices éticas en relación a un aspecto de vida cotidiana dentro de estas comunidades de fe.

Lo relacionado al trabajo o a los distintos modos de producción es siempre un tema erosivo y delicado. Santiago lo maneja de una manera magistral, como lo hará el apóstol Pablo también en una de sus cartas (Ef 6.5-9).

A partir del versículo 8, el autor nos ofrece el criterio teológico en relación con la acepción de personas basada en la condición económica. Santiago vuelve a mencionar «la ley suprema», la cual consiste en esto: «Ama a tu prójimo como a ti mismo». Es muy importante destacar que tanto Pablo (Ro 13.9) como Juan (1 Jn 3.23) en sus respectivos escritos llegan a la misma conclusión. Amar al prójimo es sin duda la norma ética por excelencia del cristianismo, ya que Jesús sintetizó toda la ley y los profetas en esa declaración. No hay duda que este es el epicentro de la ética de un cristiano. Es por eso que San Agustín decía: «Ama y has lo que quieras». El amor nunca destruye. El amor que Dios ha puesto en nosotros por su Espíritu construye comunidad, porque nos hace responsables de nuestro prójimo. La expectativa de vida cristiana está determinada por la intensidad del amor que somos capaces de brindar a quienes nos rodean, y aunque esto parezca complicado, los cristianos sabemos bien que el amor es fruto directo del Espíritu divino en nosotros.

Como Santiago se dirige a una comunidad mayormente judía, insiste en hablar de la «ley», pero esa mención es calificada como «perfecta» (v 1.25), y luego «suprema» (v 8). Es en realidad una referencia a la voluntad escrita de Dios para sus hijos. Esa ley presupone una nueva manera de vivir; unos principios más elevados de conducta y una manera de ser religiosos bajo otro presupuesto: el amor. Para quien ama, la acepción de personas a causa de su status económico no es posible. Quien ama sólo se fija en que la otra persona es su prójimo.

6. La dinámica de la fe cristiana: fe y acción (1.14-26)

La fe y la acción cristiana están basadas en la obediencia a la Palabra, como observamos previamente. La fe y la práctica de vida no existen independientes de la palabra, y la fe y la acción no existen sino entrelazadas. Es precisamente en este punto que Martín Lutero, cristiano radical en cuanto a entender la dinámica de la fe, pone en duda la inspiración y la veracidad del autor de la carta. Lutero pensó que Santiago atribuía la justificación a las obras o méritos humanos, pero llega a percibir el asunto de esa manera al examinar por separado la fe y las obras. En realidad el argumento del autor es que la fe no puede existir sin sus obras: «la fe si no tiene obras está completamente muerta».

Este texto es de gran importancia para clarificar lo que es la fe y para lo que sirve. La fe no solo tiene un lugar en el proceso de salvación (función soteriológica), sino que toda la vida del cristiano consiste en el ejercicio de la fe. La fe no es un mero asentimiento intelectual, como quien está de acuerdo con una idea o un concepto. No es creer meramente que Dios existe o saberlo concretamente como lo saben los demonios (v 19). La fe es la actitud de obediencia nutrida en la obra del Espíritu que opera en nosotros para que podamos relacionarnos con Dios. La fe es el movimiento hacia Dios, impulsado por Dios mismo.

Santiago acaba con el dualismo y con la espiritualización que pueda paralizar a la fe. La fe no puede separarse de la esfera de las cosas concretas, ni puede emerger ajena a la actividad del Espíritu Santo. Si la fe de algunos no se traduce en actos de amor, no es fe engendrada por el Espíritu Santo, a quien los padres de la iglesia se referían como «amor». La expresión «la fe sin obras está muerta» se repite dos veces y sirve de riel para conducir toda esta dinámica del creer y actuar. «Fe muerta» es fe que nunca germinó, como en el caso dado por Jesús en la parábola del sembrador. O es fe fingida. Pero la fe verdadera produce un solo fruto, que es el fruto del Espíritu Santo: el amor. En realidad entenderíamos con mayor claridad este texto si sustituyéramos la palabra «obras» por la palabra «amor». Entonces diría: «la fe sin amor está muerta». Tenemos entonces que la ética cristiana se desarrolla en esa dinámica permanente de creer y vivir en relación con Dios, lo cual siempre implica responsabilidad hacia nuestro prójimo. Sin poder servir a nuestro prójimo la fe sería inoperante en el plano histórico.

La fe comienza y termina con Dios. Como en el caso de una circunferencia, la fe permanentemente va de Dios y hacia él, todo lo que se intersecta en el movimiento de esa circunferencia se mueve en dirección a Dios. Cuando la fe hace contacto con el ser humano, la operación del Espíritu que la crea nos mueve hacia Dios. Y una vez en Dios, somos devueltos en servicio a nuestros semejantes.

7. La ética cristiana ante el uso de la lengua (3.1-12)

El autor inserta un asunto práctico que debió ser una de las causas de problemas interpersonales entre cristianos del primer siglo. A juzgar por la introducción al tema, sobre no pretender ser quienes enseñan en la congregación («no os hagáis maestros...»), se podría decir que tal vez quienes hablaban desatinadamente eran quienes ejercían tal ministerio dentro de la iglesia. Esto no nos extrañaría en lo más mínimo, ya que muchos textos del Nuevo Testamento hablan de la aparición de falsos maestros dentro de muchas congregaciones. También cuando nuevos creyentes ejercían este ministerio, en pocas ocasiones enseñaban de manera confusa al mezclar sus pensamientos.

En todo caso, cualquiera que fuese la causa interna a que el autor se refiere, hay en este texto algunos principios éticos cristianos que debemos resaltar. Uno de ellos es que al gobernar nuestra lengua gobernamos todo nuestro ser. La lengua es utilizada aquí como uno de los sentidos humanos, y es usado representativamente. La lengua es el lugar en donde las emociones humanas son exteriorizadas, pues no tiene decisión propia. Es apenas el medio o canal de comunicación de las emociones. Se puede decir entonces que este texto es un llamado a vivir subordinados a los principios inalterables de la fe, y no subordinados a nuestras emociones y deseos.

Nadie puede ser ni buen maestro ni buen cristiano si sus emociones controlan lo que dice. Las personas sabias son aquellas que viven según convicciones de fe y no según impulsos viscerales. Son quienes dejan la intemperancia para disciplinar sus vidas en apego a la Palabra. Salomón describe a un sabio de esta manera: «el que ahorra palabras tiene sabiduría... aun el necio cuando calla, es tenido por sabio; el que cierra sus labios es inteligente» (Pr 17.27-28). El salmista por su parte oraba así: «pon guarda a mi boca, Jehová; guarda las puertas de mis labios» (Sal 141.3). La forma en que hablamos debe ser vigilada, pues lo que decimos puede entusiasmar o desmoralizar, confundir o hacer entender. Tal vez por eso Proverbios dice: «la muerte, la vida están en poder de la boca» (Pr 18.21).

Otro principio ético importante que se desprende de este texto es que la lengua, y las emociones que transmite, deben ser domadas. Darles rienda suelta a nuestras emociones y sentimientos lleva al desenfreno y a la total destrucción. El estilo de vida cristiano es por el contrario sobrio, austero, mesurado y autárquico —es decir, dueño y responsable de sus actos. Una persona que vive según sus impulsos y emociones usa la lengua de manera incorrecta.

El principio que los cristianos deben seguir es el de usarlo todo para hacer el bien. Si vamos a utilizar nuestra boca con un fin turbio o claramente destructivo, sabemos claramente que ese no es el deseo divino y como consecuencia estamos utilizando mal lo que Dios nos otorgó como capacidad útil. No debe sorprendernos que el don de lenguas (1 Co 12.10) es un hablar controlado por el Espíritu del Señor para alabar y glorificar a Dios. Por lo tanto, lo que hablamos debe unirnos y nunca dividirnos. Dice Pablo: «Os ruego, pues, hermanos, por el nombre de Nuestro Señor Jesucristo, que habléis entre vosotros una misma cosa y que no haya entre vosotros divisiones» (1 Co 1.10).

La intención de Santiago al presentarnos este tema es prevenir a las congregaciones cristianas de caer en prácticas que contradigan el mensaje central de la fe. El uso no controlado de la lengua, la forma en que emitimos nuestras opiniones y junto con ellas nuestras emociones, fue y será un elemento delicado en las relaciones interpersonales. El cristianismo es en sí mismo una nueva manera de relacionarnos. Esto no sería posible sin una nueva manera de comunicarnos. De ahí la importancia de establecer parámetros éticos que ayudasen a las comunidades cristianas a vivir consistentemente con lo que predicaban.

8. *La dinámica de la ética cristiana: la sabiduría divina (3.13-18)*

De nuevo vuelve a surgir el tema de la sabiduría, que para Santiago es tan importante. En este caso está relacionado con las «obras» (v 13) como prueba o confirmación de esa sabiduría. En otras palabras, la sabiduría es un asunto práctico, un estilo de vida cotidiano.

El autor destaca que la humildad es uno de los rasgos más importantes de la sabiduría. La humildad es la actitud de la persona genuina o auténtica. La persona humilde es aquella que tiene una percepción correcta de sí misma, que conoce sus defectos y limitaciones y que puede identificar además dónde está la fuente de la perfección. Esto quiere decir que humilde no es una persona con baja estima, ni una persona vergonzosa o tímida, sino quien se conoce a sí mismo en relación con el conocimiento que tiene de Dios. El sabio es humilde porque está consciente de sus desaciertos, y sabe que aparte de la sabiduría que obtiene de Dios siempre tomaría las decisiones incorrectas.

La humildad como virtud es altamente apreciada aun ya en el contexto del Antiguo Testamento —más específicamente, en la literatura sapiencial.

Humilde es quien tiene el equilibrio perfecto entre la actitud que debe tener ante Dios y la que debe tener ante sus semejantes. Es por esto que la humildad genera un estilo de vida muy particular. Jesús por ejemplo, era el Todopoderoso; sin embargo, nunca fue déspota, violento, sarcástico o arrogante. No debe sorprendernos que la humildad sea un derivado del amor, es decir, un derivado tangible del fruto del Espíritu (Gl 5).

En contraposición a la actitud humilde, se señala la actitud incorrecta y poco sabia de la envidia y la rivalidad. En relación a esto el autor añade que ésta no es la sabiduría «que desciende de lo alto». Y, de no tener su origen en Dios, dos son las posibilidades: o es puramente humana, o es diabólica.

Lo que se quiere dejar claro es que la sabiduría divina engendra un estilo de vida ejemplar. Es un estilo caracterizado por una conducta madura donde se construyen relaciones responsables, mientras que en las otras sabidurías también se reflejan conductas inmaduras y relaciones destructivas e irresponsables. La sabiduría divina es la práctica de la buena conducta.

La sabiduría humana es la práctica de tomar decisiones basadas en el uso de los sentidos, la lógica y la capacidad intelectual de la persona. Este tipo de sabiduría no logra entender las realidades y principios espirituales, divinos y trascendentes. Por lo tanto, depende exclusivamente en la habilidad humana para autogobernarse. Como es lógico, este tipo de sabiduría está llena de ambigüedades y desaciertos, y de una conducta amenazada permanentemente por las emociones, las circunstancias, las tentaciones, etc. En el caso de la sabiduría diabólica o satánica se refiere a aquel orden de principios o estilos que tienen su origen en el diablo. La sabiduría diabólica puede entrelazarse con la humana; pero su fin es todavía más intencionado al mal. Es por eso que este tipo de sabiduría alienta conductas malvadas y abiertamente contrarias a la acción divina. Dentro de este tipo de sabiduría se pueden observar las prácticas ocultistas, esotéricas, relacionadas con el culto satánico. Pero en el contexto de esta carta podemos hablar más bien de tres tipos de conducta: la inspirada por el Espíritu de Dios, la inspirada por el espíritu humano y la que resulta de la influencia de origen malvado. La actividad del Espíritu de Dios se opone a las otras influencias. Este elemento es sobrenatural, mas no divino. En otras palabras, lo que el autor llama «sabiduría diabólica» puede manifestarse de manera sobrenatural, y no por eso es de origen divino. Es por esto que el discernimiento entre los espíritus es elemento necesario en la vida cotidiana.

9. La ética cristiana ante el mundo (4.1-17)

Una de las afirmaciones de esta sección que salta a nuestros ojos es que el autor asegura: «la amistad del mundo es enemistad contra Dios». Esta declaración es ciertamente epicéntrica porque en ella se contraponen Dios y el mundo de una manera irreconciliable. El mundo es un orden, un sistema de valores y principios éticos contrarios a los del reino de Dios. El mundo es todo lo contrario a la voluntad de Dios. Es por eso que Dios y el mundo no pueden ser reconciliados, pues no hacer la voluntad de Dios es oponerse activamente a ella; es apoyar la actividad del mundo. El bien y el mal son inversamente proporcionales y excluyentes.

Tener amistad con el mundo implica una relación cercana. Nosotros como cristianos vivimos inevitablemente en el contexto donde esos valores y principios operan. Eso es inevitable. Lo peligroso y reprochable es la amistad, es decir, establecer relaciones de profundidad con el mundo. La experiencia de fe cristiana es extremadamente radical. En ella debemos ser cautos; es decir, sabios para tomar decisiones correctas. Como vimos, la sabiduría es el arte de tomar decisiones correctas. Pero para asegurarnos que serán correctas no podemos basarnos en los criterios del mundo, sino en los del reino de Dios. El mundo es un sistema organizado para perpetuar el mal. La única manera en que prevenimos la amistad con el mundo es consolidando nuestra amistad con el Señor. No podemos confundir a los amigos con los enemigos. El mundo es aquello contra lo cual estamos llamados a pelear. No hay reconciliación posible entre el mundo y Dios.

El mundo como antireino y como anticreación es una presencia activa a la que el cristiano está llamado a oponerse. El versículo, «El Espíritu que él ha hecho habitar en nosotros nos anhela celosamente» (v5), señala una razón más de la tensión que existe entre quienes pertenecen a Dios por su espíritu, y quienes no. Hay dos espíritus operando al interior de estas dos realidades contrapuestas: por un lado el Espíritu Santo, por el otro lado los espíritus inmundos. Es a esto que llamamos «las potestades de las tinieblas» (Col 1.13). Ese reino o poder maligno, ese mal estratégicamente organizado, está oponiéndose activamente a Dios, a su reino, a su iglesia.

Los cristianos necesitamos ser muy incisivos en nuestro análisis de la cultura occidental, ya que tradicionalmente hemos asumido que dicha cultura está imbuida de principios y prácticas de origen cristiano. Debemos entender que al interior de estas culturas llamadas «cristianas» opera la actividad del mal minando su dinámica social. Por lo tanto, el cristiano de hoy debe discernir con agudeza los principios y valores que actúan en esta sociedad. Sería como llenar con otro contenido un frasco que anuncia una sustancia distinta. Eso es precisamente lo que ha pasado en la cultura actual. Las sociedades que una vez estuvieron fundadas en un esquema de vida cristiano hoy siguen leyes e instituciones, y en general un «ethos cultural», que son ajenos a los designios divinos. Discernir los espíritus hoy, al interior de la sociedad postmoderna, es la acción de identificar el nuevo paganismo que socava la presencia del reino de Dios.

El hecho de que el Espíritu Santo habita en nosotros significa que pertenecemos a la familia de Dios. Y lo que es de Dios no puede estar mezclado con lo que es del mundo. Por lo tanto, o somos «sinagogas de Satanás» (Ap 2.9) o «templos del Espíritu Santo» (1 Co 6.19).

Uno de los grandes problemas que confronta la iglesia dentro del Occidente post-moderno, es que uno de los principios operativos de esta sociedad es la relativización de la verdad. En esta sociedad altamente tecnológica, la verdad se ha individualizado dejándose al criterio y decisión de cada individuo. De esta manera, la sociedad contemporánea opera de espaldas a principios absolutos. Por ello, la Escritura pierde su carácter autoritativo y deja de ser guía rector. El mundo como sistema opera precisamente como agente de relativización más bien que de confrontación. Esto quiere decir que se trata de una guerra de baja intensidad, donde el orden diabólico gana terreno al hacer de la ética y de la moral un asunto inherente a los derechos privados de cada individuo.

10. La ética cristiana ante las relaciones de producción (5.1 -8)

El autor en esta obra, que como podemos ver es un tratado de ética cristiana, no puede pasar por alto el tema de las relaciones de trabajo o de producción. Este tipo de relaciones son indispensables para la vida humana y forman parte de la cotidianidad de cualquier cristiano. Tal vez el punto más alto en su discurso sobre la actitud del reino hacia el pobre es cuando dice: «el jornal de los obreros que han cosechado estas tierras, el cual por engaño no les ha sido pagado por vosotros clama, y los clamores de los que habían segado ha llegado a los oídos del Señor de los ejércitos» (v 4). Por las características de este verso se podría intuir que el autor tiene en mente las narrativas del éxodo de los hebreos desde Egipto.

En la épica del éxodo, Dios se mueve a intervenir en contra de los actos de opresión después de decir: «Yo he oído los gemidos de los hijos de Israel» (Gn 6.5). Ese Dios que escucha el gemido de los hijos de un pueblo esclavizado, también nos recuerda de otro texto conocido del Antiguo Testamento en el que la injusticia sube hasta Dios en gran clamor después de la muerte de Caín: «La voz de la sangre de tu hermano clama a mi desde la tierra» (Gn 4.10).

Es importante destacar que esa visión del Dios justiciero del Antiguo Testamento se refuerza con el calificativo: «Señor de los ejércitos». Esta es una de las pocas veces que se utiliza esa expresión para referirse a Dios en el Nuevo Testamento. Lo que se implica en todo esto es que Dios escucha, y por lo tanto, no está ajeno a las injusticias con que los ricos buscan aumentar sus ganancias. Dios no es como los ídolos que no pueden escuchar.

También importante de destacar, es el que los versos 7 y 8 terminan con una nota de expectación de la venida de Cristo por segunda vez (una nota escatológica). Está bastante claro que el autor ve en la llegada del Dios de justicia y el establecimiento del reino la única esperanza definitiva para la erradicación de la injusticia sobre la tierra. Santiago vuelve a utilizar el término paciencia: «tened paciencia hasta la venida del Señor» (v 7). Les pide que a pesar de tales actos explotadores y abusivos de los que también los cristianos eran víctimas, siguiesen perseverando hasta que llegue el Señor, quien es la esperanza. En la llegada del reino se basa la esperanza cristiana.

La ética cristiana ante la injusticia típica de los sistemas de producción económica es, según el autor de la carta, enfocar la confianza la fuente cristiana de la esperanza, quien nos promete un mundo nuevo y justo. Esa expectativa de la llegada de un reino justo que viene a reemplazar el orden actual gobernado por los principios opresores del antireino (el mundo), nos recuerda la oración: «Vénganos tu reino». El cristiano sabe reconocer las injusticias humanas, y en virtud del reino debe oponerse a cualquier forma en que el mundo busque destruir la creación divina.

Esperar con paciencia al reino de Dios es siempre constancia en anticipar su llegada con los principios que se viven en el aquí y ahora. El reino de Dios es el criterio sobre el cual el cristiano forma pautas para reorganizar su vida en todos los ámbitos, incluyendo lo tocante a las relaciones de producción.

11. Misceláneas éticas (5.9-20)

En esta última sección de la carta, el autor se despide mencionando brevemente otros aspectos prácticos de la vida cristiana. Vuelve por un momento al tema del sufrimiento por causa de la hostilidad de la sociedad donde a los cristianos de su tiempo les tocó vivir. En esta ocasión la sugerencia es cambiar de actitud. La fe implica un cambio positivo de actitud.

Santiago también insiste en decir: «Nosotros tenemos por bienaventurados a los que sufren». Ciertamente esta declaración no es un elogio al masoquismo. El sufrimiento que debe recompensarnos es el que resulta de hacer lo correcto, de obedecer la voluntad de Dios y de amar a nuestro prójimo. Cualquier otro tipo de sufrimiento es incorrecto y sin valor alguno. Al declarar que el Señor es «misericordioso y compasivo», el autor aclara que Dios de ninguna manera se complace en hacer sufrir a alguien. La tortura no es un método de Dios. Muy por el contrario, Nuestro Señor esta siempre dispuesto a mostrar misericordia. Hemos aclarado pues que el sufrimiento no es una virtud cristiana, pero cuando ocurre por causa de nuestra fidelidad a Dios, es recibido con una actitud distinta, sabiendo que no se puede amar sin sacrificar y sufrir.

El autor se detiene a hablar una vez más de la «oración de fe» a la que se refirió en el primer capítulo, la que describe también como oración eficaz. Estos calificativos dados a la oración como disciplina o práctica cristiana nos llevan a concluir que el uso correcto de la oración presupone una conducta ética pre-condicionante. Tal vez por eso es un instrumento efectivo en manos de «los ancianos» (v 14) y del considerado «justo» (v 16). Sin embargo, al utilizar el ejemplo de Elías «hombre sujeto a pasiones semejantes a las nuestras» (17), quiere también advertirnos que cualquier cristiano puede orar con fe y eficazmente. La oración recomendada en esta ocasión por el apóstol Santiago puede ser tenida como una práctica provechosa que muy probablemente se había abusado o caído en desuso.

Nos referimos específicamente a la oración de sanidad que incluía la unción con aceite.

Por último, el autor habla de quienes se han «extraviado de la verdad», y de la necesidad de hacer volver al pecador, lo cual es un acto urgente y vital. Al parecer las persecuciones desalentaron a muchos de persistir en la fe, y de ahí la necesidad de hacerlos volver. Según el libro de Génesis, el fratricidio (matar al hermano), es una de las primeras manifestaciones de pecado, después de la caída de Adán y Eva. El efecto del Espíritu en quienes viven en la fe de Jesucristo es revertir el fratricidio por medio del perdón y la restauración. La gente de fe no puede, ni el Espíritu lo permite, ignorar a los demás seres humanos.

Aunque en el texto no se dice que quienes se han apartado sean necesariamente «apóstatas», es muy probable que las circunstancias históricas que circundan la carta fueron tan adversas que muchos buscaron proteger sus vidas separándose de los círculos cristianos, que en ese entonces eran un blanco perfecto de acoso político y religioso. La apostasía no fue un fenómeno aislado. La información que tenemos de diversas fuentes aseguran que muchos seguidores de Cristo se apartaron de todo involucramiento público a causa de las severas persecuciones.

Sabemos que esto llegó a su punto culminante a comienzos del siglo cuarto, donde incluso obispos desertaron, y otros entregaron las Escrituras a sus perseguidores. Al parecer la severa persecución impuesta por Diocleciano, el cual muere en el 311 d.C., llevó a muchos líderes a convertirse en «traditores», es decir, personas que cometían el pecado de traicionar la causa de Cristo, y que habían evitado el sufrimiento y la muerte entregando los textos sagrados para la destrucción. Esto creará posteriormente un gran movimiento de protesta al interior de la iglesia que se conocerá con el nombre de los «donatistas», mismos que dejaron de reconocer el liderazgo de quienes bajo persecución habían traicionado al movimiento cristiano. Esta es una de las tantas historias de apóstatas reseñadas en la historia temprana del cristianismo, por lo cual no nos sorprendería que Santiago estuviese motivando a los fieles para ayudar a quienes habían dejado de perseverar ante las horrendas consecuencias de la persecución. Judas, al concluir su carta, les pide exactamente lo mismo a su destinatarios.

Primera epístola de Pedro

Introducción

Esta carta es parte de las llamadas epístolas universales, lo cual implica que fue enviada al grupo de iglesias de mayoritaria extracción judía, que estaban en diáspora. Como se explicó anteriormente, la diáspora entre los judíos comenzó mucho antes que entre los cristianos. En término de los efectos fueron bastante parecidos para ambas comunidades, aunque las circunstancias históricas que originaron dichas persecuciones no siempre fueron las mismas.

Los eruditos no concuerdan exactamente en la fecha de composición de esta carta, y algunos dudan que haya sido escrita por el apóstol mismo. Este comentarista cree que sí fue escrita por Pedro. En todo caso, la carta se nos presenta como obra de Pedro, y por tanto —aun cuando tales eruditos tuviesen razón— para entenderla hay que leerla en el contexto de la vida de Pedro.

El temario de Pedro, por lo tanto, coincide con muchos de los asuntos ya resaltados por Santiago. Esto tiene que ver con la semejanza en sus audiencias: judíos cristianos en el extranjero. Pedro había recibido el llamado del Señor para predicar entre los judíos, según lo que asegura Pablo, contrastándolo con su propio llamado a predicar a los gentiles (Gl 2.7-8). En la introducción a la carta, el autor se describe a sí mismo y a su audiencia: «Pedro apóstol de Jesucristo, a los expatriados de la dispersión en el Ponto, Galacia, Capadocia, Asia y Bitinia...»

La carta en líneas generales es una colección de pensamientos y recomendaciones a las iglesias, provenientes de un viejo guerrero de la fe. El autor, quien en la carta se autodenomina «anciano», apela con ello a la imagen del Antiguo Testamento del anciano como quien posee sabiduría. Lejos de ser abstracta, la carta de Pedro es clara y directa, y aborda el temario esperado entre un pastor y su iglesia. Está claro que Pedro sabe bien a quiénes les escribe y se siente movido a compartir con ellos a partir de ese nexo afectivo. Pedro va de asuntos de alta teología como «previo conocimiento de Dios» (presciencia), hasta las cosas más cotidianas, como son sus consejos para la vida de pareja. No hay duda que la carta de Pedro es un conglomerado de sabiduría pastoral. Con todo, en el temario que Pedro nos proporciona se acumula una experiencia pastoral frondosa.

Pedro: Paladín y pionero

De la vida anterior de Pedro se sabe poco, sólo que era pescador y que estaba casado (Lc 4.38). También resalta el hecho de que Pedro era galileo, algo difícil de ocultar (Mc 14.60-70; Mt 26.73). Los evangelios lo pintan como un pequeño volcán, como una piedra dura de romper. Pero aquel temperamental galileo fue utilizado por el Señor para llevar a cabo planes muy peculiares. La personalidad terca y decidida de Pedro, con el influjo del Espíritu Santo, lo lleva a no retroceder ante las amenazas del Sumo Sacerdote (Hc 4.5-12). ¿Qué hubiese sido de ese primer reducto de cristianos sin el importuno de hombres como Pedro? ¿O de la Reforma sin profetas como Lutero? Aunque es triste decirlo, si fundiéramos todos los pastores de una cierta ciudad, no lograríamos hacer a un solo apóstol Pedro. Pedro no es un líder hecho en un laboratorio, sino en un discipulado lento y doloroso.

Es casi inevitable pensar en Pedro como el discípulo difícil de moldear por su impulsividad, inmadurez e intolerancia. Pero este mismo Pedro creció espiritual, emocional e intelectualmente, y es el autor de dos cartas sumamente refrescantes para las iglesias del primer siglo. Dios transformó de manera muy significativa a Pedro; lo tomó como el tosco y colérico Simón y lo llevó a ser un hombre aplomado y sabio llamado «Pedro», es decir, «roca». De Simón a Pedro hay un gran milagro de transformación.

Sin duda eso trata de comunicar a través de esta carta, ya que en buena medida habla de su propia experiencia de fe.

El rudo pescador de Galilea, Simón hijo de Jonás, fue sin duda uno de los protagonistas principales de los evangelios y del inicio de la fe cristiana. Jesús le dio el sobrenombre de «Cefas» en arameo (Jn 1.42; 1 Co 1.12), que en griego se traduce como «Pedro» (Mt 7.24; Mc 15.46, etc.). Después de su encuentro con Jesús en el mar de Tiberias (Jn 2.11-15), se convierte en uno de sus seguidores y hasta llega a ser uno de sus tres discípulos más cercanos. Sin embargo, lo que Pedro considera de verdadera importancia es el ser no sólo testigo ocular de los padecimientos de Cristo (5.1), sino el ser participante de esos sufrimientos (4.1). El mismo que se había opuesto radicalmente a que Jesús sufriera en calidad de Mesías (Mt 16.21-23) ahora consideraba como privilegio poder padecer por la causa del Señor.

Es importante destacar en este punto que las comunidades cristianas tempranas desarrollaron una alta consciencia de las implicaciones fatales de la fe. El martirio era siempre una posibilidad real para quienes se vinculaban a la iglesia. Se sabe por medio de documentos de los primeros siglos que los cristianos hablaban de un «bautismo en sangre», además del bautismo en agua. Con esto se hacía referencia a la posibilidad real de dar la vida por causa de la fe en Cristo.

Pedro se presenta en esta carta como «Apóstol de Jesucristo», es decir, uno enviado por Jesucristo en calidad de testigo. El testimonio de Lucas asegura que Pedro es el primer gran testigo público del mensaje cristiano sobre la resurrección (Hch 1.22). Los sermones de Pedro registrados en el libro de los Hechos de los apóstoles dan testimonio del papel de Pedro como líder durante el inicio de la comunidad cristiana en Jerusalén. El mismo Pablo reconoce en Pedro a uno de los líderes más importantes de la iglesia de Cristo (Gl 2.9).

Pedro tuvo que pasar por muchos errores y desaciertos en el proceso de conformar su carácter para llegar a ser un líder espiritual. No fue nada fácil. Parece que Pedro aprendió muchas cosas por «ensayo y error». Aun después de la muerte de Jesús muchas experiencias difíciles le salen al paso, incluyendo el altercado con Pablo en relación a prácticas de gentiles y judíos (Gl 2.11-21). En todo caso el Pedro que escribe la carta es una persona mejorada, madura, alguien que ha aprendido de sus experiencias y que ahora enseña con propiedad. Como se ha dicho, sus escritos son una reflexión de sus propias experiencias de fe.

Pedro asumió con mucha dedicación su llamado a ser apóstol. De ahí su arrojo y entrega al servicio de la iglesia, que lo llevarían hasta el martirio. Recordemos que Jesús mismo lo instruyó: «Apacienta mis ovejas» (Jn 21.17). Es en ese mismo contexto en el que Jesús predice el martirio de Pedro, es decir, no sólo el llamado de ser pastor de las ovejas sino testigo sufriente de Jesús. Así lo relata Juan: «"De cierto, de cierto te digo: cuando eras más joven, te ceñías e ibas adonde querías, pero cuando ya seas viejo, extenderás tu mano y te ceñirá otro, y te llevará a donde no quieres". Esto dijo dando a entender con qué muerte había de glorificar a Dios. Y dicho esto, añadió: "Sígueme"» (Jn 21.17-18).

Una de las tantas leyendas que se tejen en torno a la vida de Pedro dice que tuvo un encuentro con Jesús después de la Ascensión de éste. Pedro, sorprendido de que Jesús se le apareciera en medio de aquel camino polvoriento, le pregunta: «¿Quo vadis domini?» (¿Adónde vas Señor?), y dándose cuenta Pedro de que Jesús iba a Roma, toma la decisión de seguirlo. Es en Roma donde la tradición dice que Pedro fue crucificado, pero que a petición suya fue puesto cabeza abajo, pues consideró como demasiado digno morir en la misma posición que su Señor. Es muy probable que Pedro haya muerto durante la funesta persecución del emperador romano Nerón, quién desató su persecución en el año 64 d.C. Nerón culpó a los cristianos de incendiar la ciudad de Roma, los utilizó como «chivo expiatorio», y por eso arremetió ferozmente en contra de ellos. Aparentemente fue cuando las sospechas sobre el origen del incendio comenzaron a recaer sobre el Emperador, que éste utilizó el bajo recurso de inculpar a los más vulnerables. El historiador Tácito da fe en sus escritos de que el castigo que pesó sobre los cristianos fue intenso y cruel. También asegura que la persecución tomó lugar tanto en Roma como en Judea.

Pedro y Marcos

Todo parece indicar que Pedro fue el responsable de influir decisivamente en la vida de Juan Marcos, que en muchas cosas se parecía a él. Pareciera que toda su experiencia de transformación espiritual Pedro la utilizó en ayudar a otro con sus mismas características. Como recordamos al leer el Nuevo Testamento, Marcos era sobrino de Bernabé, quien era a su vez compañero de Pablo en el primer viaje misionero entre los gentiles. Ambos fueron elegidos por el Espíritu Santo para el trabajo misionero (Hch 13.2), y fue por eso que dejaron la iglesia de Antioquía. Fue precisamente en ese primer viaje donde Marcos dio muestra de su estado de ánimo voluble y su profunda crisis emocional. Es muy probable que la presión del viaje y la lejanía detonaran la crisis.

Juan Marcos era un joven que provenía de una familia cristiana con la que Pedro tenía gran amistad, pero donde aparentemente la figura masculina había estado ausente (Hch 12.12). María, la madre de Marcos, tal vez era viuda o madre soltera. En todo caso, la ausencia de un padre pudo ser una de las causas de la crisis aguda en este joven cristiano. Al llegar al puerto de Perge de Panfilia, Marcos llega al punto más elevado de su crisis. Deja sus responsabilidades al lado de Pablo y Bernabé, y de manera inesperada y abrupta se regresa a Jerusalén. Esto indispuso tanto a Pablo que no le permitió formar parte del equipo misionero que se preparaba para el segundo de los viajes misioneros en los que participó el apóstol Pablo. El asunto de Juan Marcos se convierte en un conflicto con Bernabé, de quien se separa y quien decide tomar un rumbo distinto (Hch 15.16 -41). En su segundo viaje misionero de Pablo fue asistido sólo por Silas; mientras que Bernabé y Juan Marcos salieron rumbo a Chipre. No tenemos información adicional de ese viaje a Chipre.

Durante el tiempo que pasó en Jerusalén después de abandonar la empresa misionera, Marcos parece haber tenido trato e incluso amistad profunda con Pedro, quien como dijimos era amigo de su familia y seguramente líder de la iglesia que se reunía en casa de María. De hecho Pedro se refiere a Marcos en un tono muy cercano pues lo llama: «Marcos mi hijo» (1 P. 5.13). Todo parece indicar que Pedro al ver en Marcos a alguien con los mismos impulsos que él, pero también con la misma pasión por Jesús, se dedicó a formarlo para darle calor de padre, y a acelerar en él un profundo proceso de sanidad emocional y espiritual como el que él ya había pasado. Pedro fue un instrumento divino para ayudar a este joven líder de la iglesia. En su proceso de formación espiritual Marcos nunca fue el mismo.

Fue tan notorio el cambio que se produjo en Juan Marcos que el mismo Pablo le quitó la censura que le había dado. En su carta a los Colosenses dice: «...y también Marcos, el sobrino de Bernabé, acerca del cual habéis recibido instrucciones, si va a visitaros recibidlo» (Col 4.10). No sólo esto, sino que Pablo lo incorpora una vez más en su ministerio entre los gentiles y en Segunda a Timoteo leemos lo siguiente: «Toma a Marcos y tráelo contigo, porque me es útil para el ministerio» (2 Ti 4.11). También se dice que como producto de su cercanía con ese padre espiritual que fue Pedro obtuvo la información para escribir el evangelio según San Marcos —pues, como se sabe, Marcos no fue discípulo directo de Jesús.

Una carta a las iglesias del Asia Menor

Todas las regiones mencionadas en el capítulo 1 (el Ponto, Galacia, Capadocia, Asia y Bitinia), estaban ubicadas en el Asia Menor, uno de los lugares con mayor presencia de judíos desplazados. Pedro, sin duda, estaba ministerialmente unido a este grupo de iglesias, y por lo tanto podemos ver en el contenido de esta carta que Pedro está al tanto de las pruebas por las que están pasando. De hecho, la carta es en su mayor parte un intento por animar a los creyentes de esas regiones a perseverar a pesar de la gran inestabilidad en la que les toca vivir. La duración de este período extendido de inestabilidad es incierta.

Los romanos dividían a las religiones en sólo dos grupos: las que gozaban de la tolerancia del imperio (como el judaísmo) y las que no. Es muy probable que por ser nueva y desconocida para los romanos, y por el hecho de que los cristianos decían tener un Señor (un Rey), su religión fuera considerada como ilegal. El martirio de tantos cristianos y la antipatía de los emperadores lo prueban suficientemente. Pedro le escribe a una comunidad desplazada, exiliada, pobre, algunos posiblemente esclavos (1 P 2.18– 25), y además perseguidos religiosos. La persecución provenía de la religión oficial judía y de las autoridades romanas que desde el tiempo de Nerón (64 d.C.), y luego particularmente bajo Domiciano (90-96 d.C.), desataron persecuciones contra los cristianos. Sin embargo, además de la persecución oficial, había la popular, la que combinaba sentimientos xenofóbicos con intolerancia religiosa. Esa fue el tipo de persecución que en muchas ocasiones Pablo y otros colegas tuvieron que esquivar para evitar ser linchados.

Esa animadversión de las masas sociales paganas fue la que más oposición hizo al cristianismo primitivo. Un ejemplo de esto es el martirio de Policarpo, obispo de la ciudad de Esmirna, ubicada en estas provincias mencionadas del Asia Menor. A Policarpo le llevaron a la hoguera por ser cristiano irretractable. Esto sucedió en el 155 d.C. Para entonces tenía ochenta y seis años de ser cristiano, lo cual quiere decir que sus primeros pasos en la fe los dio en el tiempo en que estas iglesias a las que Pedro escribe estaban soportando la gran prueba. Estas fueron las palabras de Policarpo ante sus verdugos el día de su muerte: «Durante ochenta y seis años le he servido, y él nunca me ha traicionado, ¿cómo puedo blasfemar el nombre de mi Rey, el que me ha salvado?» También sabemos que el gobernador Plinio, en tiempos del emperador Trajano (98-117 d.C), llevó a cabo en la provincia de Bitinia varios arrestos de cristianos. En realidad toda el Asia Menor vio teñir sus campos con la sangre de resueltos cristianos. No es menos importante el hecho de que el propio Pedro dice en su carta que tal adversidad es común para otros cristianos: «Resistid firmes en la fe, sabiendo que los mismos padecimientos se van cumpliendo en vuestros hermanos en todo el mundo» (1 P 5.9).

Buena parte de la literatura del Nuevo Testamento está orientada a desarrollar una posición cristiana ante el sufrimiento. Esto se debe casi en su totalidad a las circunstancias en que les tocó vivir a los primeros cristianos. Por causa del origen étnico de la primera generación de cristianos, muchos estaban privados de los derechos civiles que la ciudadanía romana otorgaba. También la religión judía le resultaba repulsiva a la mayoría de los gentiles, aunque pocos en realidad la entendían. Los cristianos fueron además un conglomerado social mayormente proletario, por lo que ni aun en el plano económico gozaban de gran influencia. Por todo esto y por otros factores históricos, los cristianos del primer siglo estaban en un estado de gran vulnerabilidad y por lo tanto, de sufrimiento.

Propósito, contenido de la carta

Es muy probable que Pedro estuviera en Roma al momento de escribir la carta, pues en la despedida acota: «La iglesia que está en Babilonia, elegida junto con vosotros, y Marcos mi hijo, os saludan». Como sabemos, ya era costumbre entre los judíos referirse a Roma con el nombre peyorativo de «Babilonia». Desde que el general Pompeyo conquistó la ciudad de Jerusalén (63 a.C.), los judíos se referían a Roma como Babilonia, ciudad pagana que antes los había doblegado. Naturalmente los cristianos de extracción judía también se referían a la sede del imperio romano por ese nombre (véase Ap 14.8; 16.9; 17.5; 18.2, 10 y 21). En este caso, el hecho es que en Roma Pedro se encontraba sólo con Marcos, el posible autor del evangelio y quien obviamente tenía la destreza de escribir, sino que también estaba con él Silvano. Pedro dice de este último que: «Por conducto de Silvano, a quien tengo por hermano fiel, os he escrito brevemente...» (5.12). De ser Silvano el escribano, o aun Marcos, esto podría explicar el griego culto de la carta, ya que como se sabe Pedro era un hombre sin formación académica. En el testimonio de Lucas se lee: «Entonces viendo la valentía de Pedro y de Juan y sabiendo que eran hombres sin letras y del vulgo...» (Hch 4.13). No sabemos si la expresión «sin letras», es equivalente a decir analfabetos, pero de cualquier manera tal habilidad era completamente ajena a la condición natural de Pedro.

En realidad no sería nada raro que Silvano colaborase con Pedro en la redacción de esta epístola, ya que parte de su trabajo al andar con Pablo en su segundo viaje misionero (Hch 15.40; 18.5), fue la de asistirlo en la redacción de varias cartas, como se ve en la primera carta a los Tesalonicenses (Cf. 1 Ts 1.1) y en la primera carta a Timoteo (Cf. 1 Ti 1.1).

Podríamos generalizar al decir que esta carta hace una paráfrasis de las enseñanzas de Jesús, ya que el contenido de los asuntos compartidos refleja una conexión con los principios enseñados por Jesús. En esa misma línea, es importante destacar que, a diferencia de la epístola de Santiago, en la de Pedro sí hay muchas menciones del nombre de Jesús. De hecho, tan sólo en los doce primeros versos de la carta, se menciona seis veces el nombre de «Jesús», y dos veces el de «Cristo», además dos veces al «Espíritu Santo», y otras dos a «Dios Padre». Esto por sí mismo es una excelente visión trinitaria. Al tomar en cuenta que Pedro piensa desde su condición de judío, nos resulta muy interesante ver matizada tan nítidamente esa visión trinitaria.

En general, Pedro persuade a su audiencia a tener una actitud cristiana ante la adversidad y utiliza al propio Señor Jesucristo como ejemplo. La lectura de esta carta entre las comunidades del Asia Menor en el primer siglo debió ser verdaderamente refrescante por el poder de empatía con el sufrimiento de Cristo. La carta de Pedro también se caracteriza por muchos imperativos que desafían a los lectores a seguir el ejemplo de Cristo. Para Pedro, Cristo es una realidad accesible en la experiencia de fe de cualquier cristiano. Cristo no es ejemplo de vida en un sentido puramente filosófico o abstracto; es, por el contrario, ejemplo práctico para la cotidianidad.

Bosquejo de la carta

La carta no tiene una organización rígida, aunque sí una intención específica. Al igual que en el caso de la carta de Santiago, hay un interés por proveer respuesta a muchos asuntos prácticos que forman parte de la cotidianidad de los cristianos.

Para efectos de nuestro estudio, lo que sigue es el bosquejo sugerido para esta carta:

1. Saludos (1.1-2)
2. Cristo: fundamento de la esperanza cristiana (1.3-12)
3. Cristo: fundamento de la ética cristiana (1.13–2.4)
4. Cristo: fundamento de la vocación cristiana (2.5-10)
5. Cristo: fundamento de la conducta cristiana (2.11–3.22)
   En relación con el gobierno (2.11-25)
   En relación con su conyuge (3.1-17)
   En relación con su prójimo (3.18 -22)
6. Cristo: ejemplo para soportar el sufrimiento de la vida cristiana (4.1-19)
7. Consejos finales a los ancianos y a los jóvenes (5.1-11)
8. Despedida (5.12 -14)

Comentario

1. Saludos (1.1-2)

El vidente Juan en el Apocalipsis escribe a las iglesias del Asia Menor, dando siete de sus nombres. Pedro nombra las provincias del Asia Menor, pero no dirige sus cartas a ninguna de las iglesias en particular. Esto nos hace pensar que era en realidad una carta de tipo circular que se diseminó y se copió para el beneficio de cada una de las comunidades de fe en esa área. Esto es lo que quiere decir la palabra de origen griego «encíclica». Hasta donde sabemos, Policarpo, obispo de Esmirno, fue el primero en citar la carta de Pedro. Sabemos también que la práctica de copiar y circular cartas entre las iglesias fue muy común entre las iglesias cristianas. De hecho, las diversas copias que tenemos de los escritos del Nuevo Testamento se deben mayormente a esta costumbre de las iglesias de aquel tiempo. (Debemos recordar que el Nuevo Testamento no existía como tal, y que no había imprenta. Por eso se hacía imprescindible hacer una copia de cada carta antes de enviarla a otra de las iglesias aledañas).

Al iniciar esta primera carta, Pedro se presenta como «Apóstol de Jesucristo». Esta parece una forma típica de presentarse y tal vez de autenticar la veracidad de la misiva. A los cristianos se refiere como a los «elegidos», lo cual refleja el paralelismo veterotestamentario de hablar de la iglesia en los mismos términos que se habló de Israel en el Antiguo Testamento. La iglesia es como Israel, la exiliada y elegida. Estos términos son muy importantes porque en medio de ellos se desnacionalizó la salvación, que no es ya un patrimonio exclusivo de Israel. La salvación se extiende ahora a una plataforma más amplia: a todos los que están unidos a Cristo. Lo que Pedro trata de hacer es aplicarle a la iglesia de Cristo lo relativo o referente a Israel. Así logra establecer una línea de prolongación no sólo entre el Antiguo y el Nuevo Testamento, sino también a través de toda la historia universal de la salvación. Es importante destacar que toda la Trinidad se menciona en el versículo 2, lo cual lo convierte en un texto clave para entender tan vertebral doctrina bíblica.

La visión de Pedro en relación a la iglesia, marcada por ese cercano paralelismo con Israel, le permitirá construir una serie de imágenes y analogías supremamente relevantes para cristianos de extracción judía como lo eran los de este grupo de iglesias. En el capítulo dos, por ejemplo, volverá a insistir en el tema de los elegidos, construyendo puentes con el pasado y prolongando por medio de la iglesia su visión de la historia de la salvación.

Los elegidos son para Pedro todos quienes por fe se han aferrado a Cristo. La percepción que Pedro tiene de la historia de la salvación no le permite dejar la cruz fuera de ella. Los elegidos, por lo tanto, no son una etnia, ni un grupo socio-político, ni son tampoco los miembros de una religión ancestral, sino que son aquellos que ejercen la fe.

2. Cristo: fundamento de la esperanza cristiana (1.3-12)

Aunque Pedro sabe la situación de intranquilidad por la que pasan estas comunidades de fe, y aunque se dispone a abordar el tema del sufrimiento, comienza por enfatizar la función y el fundamento de la esperanza cristiana. La esperanza es la respuesta al sufrimiento cristiano, ya que los cristianos sufren por su fidelidad a Cristo. Esta es la única manera de sufrir que se justifica, y por eso, la que nos recompensa con la esperanza.

Pedro afirma que Dios en su misericordia «nos hizo renacer para una esperanza viva» (v.3). Quien no ha renacido, podríamos concluir, no tiene esperanza. La condición indispensable para beneficiarse de la esperanza es estar vivo. Tal vez por esto Pedro enfatiza que es una esperanza «viva». La implicación de esto es que el acto de renacer no es un fin en sí mismo, sino el punto de partida para apoderarse de las promesas que forman tal esperanza. Quien espera, debe estar apoyado en una promesa, en una certeza o garantía. Pedro no vacila en establecer a Cristo mismo como la esperanza del cristiano.

La esperanza sólo puede existir como acto de esperar algo que se ha prometido. Toda esperanza implica promesas que se han hecho. Dios es un Dios de promesas y nos ha hecho renacer para que entremos al proceso de recibirlas. La esperanza cristiana consiste en saber que Dios, quien nos ama, nos ha constituido en sus herederos y beneficiarios. Tal herencia es de una naturaleza especial que según el autor deja ver al describirla con tres adjetivos: «incorruptible», «incontaminada» e «inmarchitable». Muy pocas veces vemos en la Escritura el utilizar tantas características para definir una sola realidad divina (véase Ro 7.12). Esto sin duda quiere decir que en este texto se está destacando o enfatizando un hecho que los cristianos a quienes les escribe Pedro, necesitan saber: esa herencia es una realidad para la cual ellos están calificados. Esta es una noticia refrescante para alguien de quien se dice ser «expatriado», ya que en el contexto judío esto podría significar el salir de Israel, no sólo geográficamente, sino también espiritualmente. Como consecuencia, esto implica no tener parte en la herencia de los padres. Pedro les enseña a ver algo que ya Pablo había compartido con los Gálatas: «Si vosotros sois de Cristo, ciertamente descendientes de Abraham sois, y herederos según la promesa» (Gl 3.29). La esperanza del cristiano está lejos de ser un mero optimismo o una sugestión psicológica; es ante todo la expectativa de ver realizado lo que Dios ha prometido. Adonde Pedro quiere llegar es al punto culminante de enseñar que Cristo mismo es esa promesa. Cristo es por lo tanto la esperanza, la promesa, lo esperado y lo prometido.

Ahora bien, el fundamento de la esperanza cristiana es Cristo mismo. La resurrección de Cristo es el punto culminante de la esperanza porque en ella triunfa la promesa. La resurrección es la garantía de que lo prometido ya se ha cumplido primero en la persona de Cristo. Es por eso que en esta misma línea Pablo habla del Cristo resucitado como «primicia» de lo que viene, es decir, el primer fruto, el modelo, el paradigma de lo que debemos esperar. Por eso les advierte a los cristianos: «Si solamente para esta vida esperamos en Cristo, somos los más dignos de lástima de todos los hombres» (1 Co 15.19).

La resurrección es la promesa central de que vamos a participar a causa de nuestra unión con Cristo. Por eso, Cristo resucitado es el fundamento de la esperanza cristiana, ya que en él podemos apreciar lo que esperamos se produzca en nosotros mismos. Es una esperanza viva porque trasciende a la muerte. Es viva porque está relacionada a la vida eterna en unión a Cristo. La esperanza cristiana tiene un fuerte sentido escatológico, es decir, de cumplimiento en el futuro. Sin embargo, nótese que en el texto de Pablo se dice «si sólo en esta vida...». Con esto se ve que hay una diferencia entre esta vida y aquélla; sin embargo la esperanza no se dice que no sea para ésta. Lo que se dice es que la trasciende.

Pedro sabe que los cristianos se alegran en la esperanza: «Por lo cual vosotros os alegráis» (v.6), a pesar de estar inmersos en «diversas pruebas». La experiencia cristiana es siempre una vida marcada por las pruebas, ya que en sí mismo el seguir a Cristo implica vivir en ruptura radical con la ola de la sociedad civil. El cristiano es alguien que ha decidido ser contracultural y especialmente adversario del mal y de todo lo que éste produce. Por eso el cristiano vive su fe en permanente tensión. Las pruebas, a diferencia de las tentaciones, son oportunidades para desarrollarnos espiritualmente. En el fragor de la persecución y de la tribulación de una sociedad pagana hostil, los hombres y mujeres de fe aprendieron a perseverar en sus convicciones y mantenerse fieles a Cristo. Es muy importante destacar que en el cristianismo temprano, la dinámica de vida espiritual estaba basada en profundas convicciones donde lo emotivo jugaba un papel secundario. Esto explica por qué los cristianos pudieron resistir dentro de una atmósfera hostil a su fe.

Pedro conoce por su propia experiencia los resultados positivos que recibe quien pasa por la prueba: «Para que sometida a prueba vuestra fe, mucho más preciosa que el oro (el cual, aunque perecedero, se prueba con fuego), sea hallada en alabanza, gloria y honra...» (v.7). La fe es la acción de actuar según lo que se espera. La esperanza y la fe están sincronizadas. Es por eso que es posible tener gozo aun en medio del sufrimiento (véase 2 Co 7.4), pues es precisamente por fe que tomamos para nosotros las promesas de nuestra herencia. Donde hay fe hay esperanza y hay amor. No puede existir uno de estos tres elementos sino en la presencia de los otros dos.

Pedro utiliza la analogía del proceso de purificación del oro para explicar la dinámica de la prueba. En otras palabras, nos está diciendo que así como el oro pasado por el fuego se hace mejor en su calidad, así también el fuego de la prueba nos mejora; y si perseveramos, subimos de quilataje, es decir, de calidad de vida espiritual. Pedro no está promoviendo un «heroísmo santo» o un «masoquismo cristiano», pero sí presentando los aspectos prácticos de vivir con esperanza. El profeta Isaías dice: «He aquí te he purificado, y no como a plata, te he escogido en horno de aflicción» (Is 48.10). No es coincidencia que tanto en la carta de Santiago como en la de Pedro aparezca el tema de la prueba. Ambas cartas buscaban consolar e inspirar a quienes estaban en medio de la pruebas.

La aflicción es purificadora porque en esos momentos de dolor y de impotencia aprendemos a depender sólo de Dios, a enfocarnos sólo en él, a desear sólo una cosa. Con justa razón Kierkegaard insistía que un corazón puro es el que deseaba una sola cosa: a Dios. Es ahí, en la tragedia, en el desasosiego, en la inseguridad, donde descubrimos que lo único que satisface y puede ayudarnos es Nuestro Señor. Dios siempre nos sale al paso en medio del desespero y nos recuerda que la esperanza no es la ausencia de pruebas sino seguir confiando en Dios a pesar de ellas. Precisamente por esto es que el autor dice: «Vosotros, que lo amáis sin haberlo visto, creyendo en él aunque ahora no lo veis...».

La esperanza en la promesa da paso a la fe. No hay fe sin prueba. Por eso Cristo y su obra son la promesa de Dios para nosotros. En medio de las adversidades echamos mano de esa promesa. La fe abre paso a la intervención divina. Por eso, el fin de la fe es la salvación: «...el fin de vuestra fe es la salvación de vuestras almas» (v.9). La salvación no es alcanzar un estado o condición, sino que es más. Es entrar en relación directa con aquel que es nuestra promesa. Por eso la esperanza guarda una relación directa con la fe y la fe da paso al amor, siendo el amor el punto más elevado de la experiencia cristiana.

Todas estas tres realidades (la esperanza, la fe y el amor; véase 1 Co 13.13) no sólo pueden tenerse como virtudes teologales sino como experiencias o marcas cristianas. La esperanza, la fe y el amor son realidades encarnacionales, es decir, realidades que debemos vivir e incorporar a nuestro ser. La escuela del sufrimiento hace que estas tres pasen de ser conceptos y meras virtudes morales y se vuelvan experiencias vitales. Nuestro Señor aprendió por medio del sufrimiento: « y, aunque era hijo, a través del sufrimiento aprendió lo que es la obediencia» (Heb 5.8). Esperar, creer y amar son actos que requieren obediencia. Por eso al cristiano le han sido dados como mandatos. A través de la fe, de la esperanza y del amor construimos no sólo nuestra relación con Dios, sino también con nuestro prójimo.

3. Cristo: fundamento de la ética cristiana (1.13-2.4)

En este segmento el autor ahonda sobre la trilogía de la experiencia cristiana, desarrollando una visión ética en la que se entrelazan la esperanza, la fe y el amor. De hecho, el autor se dedica a elaborar toda una dimensión práctica de cada uno de éstos. No sólo tiene una visión trinitaria de Dios, sino además una visión tripartita de la ética cristiana. Para Pedro toda la expectativa cristiana de vida consiste en vivir en esperanza, fe y amor. La fe y la esperanza se proyectan hacia Dios y el amor se proyecta hacia nuestro prójimo.

En primer lugar, debemos decir que la esperanza parte de tener el conocimiento correcto, lo que hemos llamado la promesa (Cristo). Por ello a quienes tienen el conocimiento se les dice: «ceñid los lomos de vuestro entendimiento, sed sobrios y esperad... no os conforméis a los deseos que antes teníais estando en vuestra ignorancia... sed también vosotros santos». Todos estos imperativos explican la ética de la esperanza y fe: «Para que vuestra fe y esperanza sean con Dios» (v.21). Nótese que la fe y la esperanza se proyectan hacia Dios y por lo tanto demandan una conducta o estilo de vida que refleje la santidad divina. En el caso del amor, se proyecta hacia el prójimo: «Amaos unos a otros entrañablemente» (v.22).

Por lo tanto, la conducta o estilo de vida que se espera requiere imperativos diferentes: «Desechad, pues, toda malicia, todo engaño, hipocresía, envidia y toda maledicencia y desead... la leche espiritual...» (2.1-2). La malicia, el engaño, la hipocresía, la envidia y la maledicencia son acciones en contra de otro ser humano. Esto quiere decir que el apóstol está proponiendo un giro ético inusual dentro de la cultura grecorromana, donde la religión no prescribía la conducta humana. El cristianismo propone una manera elevadamente (divinamente) ética de relacionarse. Todos los autores del Nuevo Testamento están de acuerdo en que la experiencia de fe transforma la existencia humana. El ser humano no puede permanecer igual después de su encuentro con Dios. El cristianismo no es simplemente una religión más, o un código, o un prontuario moral; el cristianismo es el proceso por medio del cual el carácter humano es transformado por medio del Espíritu Santo, y en conformidad con la persona del Dios Hombre: Jesucristo.

La fe es una acción llena de esperanza. La esperanza está contenida en la fe, ya que la fe no puede existir separada de la promesa divina. La fe nos lleva a Dios, quien es nuestra esperanza por ser Cristo la promesa. La fe y la esperanza sólo existen con Dios, como realidades para encontrarnos y relacionarnos con él. Es por esto que la fe engendra un estilo de vida proyectado a esa relación. El amor es lo que resulta de la relación con Dios; es decir, una vez que hemos estado con Dios, quien es la fuente del amor verdadero, entonces somos capacitados para una relación igualmente especial con nuestro prójimo. La fe y la esperanza se proyectan hacia arriba; el amor hacia abajo. Es por eso que la fe cristiana no puede ser vivida sino en presencia de los demás. El cristianismo no produce sólo un efecto subjetivo, individual o interno (*ad intra*), sino que produce además un efecto objetivo, concreto, público y colectivo. La fe cristiana implica una relación fuera de uno mismo. Es a esto lo que llamamos la exterioridad. Al cristianismo, por ser una realidad encarnacional (una realidad que toma lugar concreto en la historia por medio de nosotros), le es imposible no tener una exterioridad.

Todo lo antes explicado concuerda perfectamente con lo que el autor escribe: «al obedecer a la verdad, mediante el Espíritu, habéis purificado vuestras almas para el amor fraternal no fingido» (v.22). Esto parece indicar que el amor de este tipo (*ágape*) no puede manifestarse sin tener corazones y almas puras (santas). Aquí es precisamente adonde el Espíritu nos permite llegar por medio del ejercicio de la esperanza y la fe, pero no como fin en sí mismo, sino para abrir las puertas al amor. A propósito, el amor es el fruto del Espíritu Santo (Gl 5.22), y es en Cristo que llevamos frutos al Padre (Jn 15.1 -17). Con la frase «al obedecer la verdad mediante el Espíritu...» el autor hace la transición hacia el amor. Al obedecer la Palabra que es la voluntad explícita de Dios purificamos nuestro ser («habéis purificado vuestras almas»). Obedecer a Dios es la condición previa para amar en el nivel ágape (como Dios ama). Todo esto implica que la santidad no sirve ni para salvarnos (mérito propio) ni para impresionar a Dios. Debemos llevar vidas santas porque sólo así podremos servir a los demás con un amor «no fingido» y de «corazón puro». En muchas ocasiones vemos la santidad como un proceso a través del cual nos hacemos dignos para agradar a Dios; pero la santidad es lo que ya somos. Dios ha tomado la iniciativa de hacernos santos a pesar de nosotros. Esto implica por lo tanto que se nos pida vivir como lo que ya somos. Esto quiere decir que no vivimos haciendo méritos para lograr ser santos, sino que vivimos santamente porque ya somos santos. Dios nos ha dado primero el título, el nombramiento, y después nos pide ejercerlo.

En Pedro, la obediencia es un acto que antecede a todo el cúmulo de experiencias religiosas. La obediencia está siempre ligada a la fe; Pedro sabe bien que únicamente por fe podemos responder positivamente a las demandas divinas. Por lo tanto, la obediencia que tiene su origen en la fe es el punto de partida de toda buena obra.

Pedro se dispone a utilizar una analogía bastante conocida. La usa como recurso didáctico para comunicar un asunto de suma importancia para el crecimiento espiritual de los creyentes: «Desead como niños recién nacidos la leche espiritual no adulterada, para que por ella crezcáis para salvación...». La analogía de Pedro en este caso es la de un niño que todavía no tiene uso de razón y a quien por lo tanto ninguna explicación lógica o racional podrá calmar. Los niños de esa edad funcionan sólo a partir de la satisfacción de sus necesidades básicas. Entonces lo que esto quiere decir es que para el cristiano, la necesidad de alimentarse espiritualmente es indispensable para su sobrevivencia, y ningún razonamiento podría justificar la ausencia del alimento. El apóstol Pedro presenta la necesidad de alimentarnos espiritualmente como un asunto de subsistencia.

En este texto la referencia a «niños recién nacidos» no es una forma ilustrativa de explicar un estado de inmadurez de los cristianos a quienes se dirige, como es el caso de la carta a los Hebreos 5.12. Lo que Pedro quiere enfatizar es la insistencia o resolución con que los niños recién nacidos desean el alimento, y que el tipo de leche que necesitan es la materna, lo cual crea una relación muy intensa entre la madre y el hijo. Esto quiere hacernos ver que nos alimentamos en el contexto de una relación profunda con Nuestro Señor. Es de él de quien recibimos ese alimento no adulterado.

Así como en el caso del niño recién nacido el alimento no tiene otro origen que el de su propia madre, quien lo trajo a la vida, de la misma manera no podemos conseguir alimento espiritual fuera de Dios y su Palabra. El objetivo, como en el caso del niño, es crecer. Así mismo el cristiano tiene que buscar crecer y ser útil para los demás. El autor dice: «para que por ella crezcáis para salvación». En Pedro, la salvación es un efecto a futuro, no consumaciones presentes (escatología realizada); así lo indica en 1.5: «para alcanzar la salvación que está preparada para ser manifestada en el tiempo final». En Pedro, la salvación pareciera ser el premio a la constancia o una especie de año de jubileo que ya está determinado y por el cual se espera en un acto de perseverancia. Es muy probable que esa connotación dada al término se relacione con la situación por la que atravesaban sus lectores. En Pedro la salvación es un evento no sólo puntual, sino un proceso de efecto residual.

4. Cristo: fundamento de la vocación cristiana (2. 5-10)

Este texto es fundamento indispensable para explicar la misión histórica de quienes se han unido a Cristo, es decir, la vocación cristiana. El autor inicia este fragmento de su carta diciendo: «acércate a él... sed edificados como casa espiritual y sacerdocio santo...». Este versículo podría verse como un resumen de lo que ha dicho antes. Tenemos entonces que al acercarnos, es a saber, al unirnos a Dios, hemos venido a ser de él, y por lo tanto somos santos. Y esto nos hace útiles para el oficio de quienes son hijos de Dios. Ese oficio se describe así: «...para ofrecer sacrificios espirituales aceptables a Dios por medio de Jesucristo» (v.4). La santidad es una condición espiritual que nos habilita para la misión; es decir, para hacer las obras de Cristo, las que él le encomendó a la iglesia a llevar a cabo. La santidad significa que hemos sido separados para el uso exclusivo de Dios. Nos ha separado para que manifestemos las obras de Cristo en la tierra. Esto nos dice que la santidad no es un fin en sí mismo, sino un estado o condición que nos habilita para hacer algo por Dios.

Cristo es la piedra desechada. Las piedras angulares eran de suprema importancia en las edificaciones antiguas, porque de ellas dependía la estabilidad de todo el edificio. Sobre la piedra angular se fundamentaba toda la estructura. Esa piedra permitía equilibrar el peso en ángulo perfecto, y de esa manera le daba a la estructura cohesión y firmeza. Si la piedra propuesta como angular no era perfecta en tamaño y ángulo, era desechada. Nadie corría el riesgo de poner una piedra equivocada. Cristo es el desechado por los doctores de la ley; pero es el escogido por Dios para edificarle casa (2 S 7.11-16; Mt 21.42; Mc 12.1; Lc 20.17). La imagen de ser «casa espiritual» es muy importante porque también aparece en la teología de la carta a los Efesios cuando dice: «Edificados sobre el fundamento de los apóstoles y profetas, siendo la principal piedra de ángulo, Jesucristo mismo» (Ef 2.20).

En la primera carta a los Corintios Pablo hace referencia al cristiano como «templo del Espíritu» (1 Co 6.19). Es muy probable que por la importancia que tenía el templo para los judíos, esa imagen constituyera una ilustración dinámica de uso común en la teología cristiana temprana. Esto es aún más interesante cuando recordamos que en la visión que tuvo Juan de la ciudad celestial, no vio ningún templo, porque Dios mismo era el templo (Ap 21). En el Evangelio de Juan se citan las palabras de Jesús: «Destruid este templo y en tres días lo levantaré» (Jn 2.19). En la carta a los Efesios (capítulo dos), se utiliza una vez más la ilustración del templo. En esta ocasión se usa para referirse a la iglesia como colectivo humano que forma el cuerpo de Cristo: «...sois juntamente edificados para morada de Dios en el Espíritu» (Ef 2.22). En conclusión, estas imágenes que varios escritores del Nuevo Testamento utilizan sirvieron de recursos pedagógicos, especialmente para quienes habían estado en Jerusalén, y que conocían tan portentoso lugar —y también para quienes soñaban con él.

El adjetivo «viva» es el preferido de Pedro, «esperanza viva» (1.3); «piedra viva» (2.4) y «piedras vivas» (2.5). Sin duda que en el Espíritu Santo, quien es la vida, todo tiene que ser vida. Por eso también se le llama el Espíritu de la resurrección. Lo vivo en Pedro es todo aquello relacionado a la resurrección. Este concepto de lo «vivo» debe entenderse desde la perspectiva de la resurrección. Pedro está escribiendo acerca de un Dios cuya característica más palpable para esta primera generación de cristianos consiste en el hecho de que Dios sigue viviendo.

En los versículos 9 y 10, el autor desarrolla las implicaciones de que Cristo sea causa «de tropiezo y roca que hace caer», y que así escandalizara a los judíos y haya sido desechado como Mesías (1 Co 1.19-25). Es así como se abre lugar para el protagonismo de la iglesia en la historia de la salvación. En estos dos versículos Pedro se ocupa de describir la naturaleza de la vocación cristiana. Ese contraste hecho con la actitud que los judíos tomaron con Jesús también puede verse como una manera de desvincular al naciente cristianismo de la religión de los judíos.

Pedro comienza por describir a quienes constituyen la iglesia. Si el cristianismo es «casa espiritual, se constituye en el lugar concreto donde se adora a Dios. También introduce la visión del cristiano como sacerdote y añade: «para ofrecer sacrificios espirituales agradables a Dios» (v.5). Pedro retoma y amplía este mismo concepto con la intención de afirmar que hay un nuevo pueblo de levitas, de sacerdotes, y un nuevo templo o casa espiritual. Para Pedro los cristianos son: «Linaje escogido, real sacerdocio, nación santa, pueblo adquirido por Dios». Ahora en este versículo se añade una declaración de propósito que complementa la señalada en el versículo 5: «para anunciar». La naturaleza de la iglesia, como podemos ver, no puede nunca estar separada de su misión histórica. Este nuevo sacerdocio «santo», escogido, existe con fines específicos. Todas estas características son las mismas con las que describía el Antiguo Testamento a Israel (véase Dt 7.6). Como se dijo antes, este contraste entre la religión judía y el nuevo Israel ha sido visto por algunos eruditos bíblicos como una forma velada de desacralizar al judaísmo e inaugurar al cristianismo como un organismo independiente.

Es interesante ver cómo Pedro ha llevado a sus lectores a comprender una doble dimensión de sus vidas: de la misma manera que Cristo es templo y sacerdote, así también el cristiano es simultáneamente las dos cosas. El cristiano es templo del Espíritu santo y al mismo tiempo es real sacerdocio que ejerce su ministerio a partir de su propio cuerpo, es decir, en su exterioridad.

Tenemos entonces que la misión del cristiano, su expresa vocación, se resume en esos dos «para»: «para ofrecer sacrificios espirituales... para que anuncies las virtudes...» Notemos dos aspectos importantes en la vocación cristiana: en primer lugar un deber para con Dios —«sacrificios espirituales, aceptables a Dios»—; y luego, algo que hacemos en relación con nuestros semejantes: «anunciar», así como los profetas anunciaron a Cristo (1.12). Una vez más, Pedro nos lleva a ese binomio de acciones conectadas aunque dirigidas en dos planos: a Dios y a nuestro prójimo.

Esa es la tensión permanente de la vida cristiana. Es importante apuntalar que al decir que existen dos dimensiones en tensión dentro de la misma experiencia cristiana no se está planteando de ninguna manera un dualismo.

Los sacerdotes son aquellos a quienes Dios apartó dándoles un llamado de servicio exclusivo a él. La vocación consiste en presentarnos como sacrificio santo delante de Dios y en sacrificio de servicio al prójimo. Así cumplimos con el deseo expreso de Dios, quien siempre nos devuelve al prójimo en amor. Los profetas representaban a Dios delante del pueblo, mientras que los sacerdotes representaban al pueblo delante de Dios. En nuestra función sacerdotal —función que en su sentido estricto le pertenece a Cristo— nos corresponde prestar un servicio especial a nuestro prójimo.

5. Cristo: fundamento de la conducta cristiana (2.11–3.22)

En este segmento, Pedro desarrolla los aspectos morales de la vida de quienes han sido llamados a ser pueblo de Dios. Aquí pasa a explicar las cosas específicas de la forma de vivir el cristiano. Desde el 2.11 al 25 se refiere a la conducta cristiana ante el orden civil. En el capítulo 3 (1-7), aborda primero la conducta cristiana en las relaciones conyugales y luego la conducta hacia el prójimo (8-22). Así nos permite explorar las ramificaciones de la ética cristiana.

a. La conducta cristiana en relación con el gobierno (2.11-25)

El texto se divide en tres partes: Los versículos del 11 al 17 tratan de la relación con el orden civil establecido; del 19 al 20, se dirigen a los cristianos bajo sujeción a la otra autoridad civil; y por último, del 21 al 25, Cristo se presenta como ejemplo de este tipo de relaciones civiles.

Es muy interesante el hecho de que Pedro aborde este asunto en un tiempo cuando el orden establecido se presenta como el adversario institucional del cristianismo. Esta visión de la ética cristiana recorre un ancho espectro de la vida colectiva y de ella se pueden desprender pautas muy importantes relacionadas con la esfera política. La palabra «política» viene de la palabra griega «polis», que significa ciudad. Luego, lo que la palabra quiere connotar es el comportamiento colectivo, gregario. La opinión de algunos eruditos bíblicos es que los autores del Nuevo Testamento se caracterizan por dar opiniones políticas de línea conservadora —o, para decirlo de otra manera, progubernamentales. En realidad lo que los escritores del Nuevo Testamento tratan de hacer es delinear principios generales de acción cristiana. No buscan reproducir ni oponerse a ninguna ideología política. Muchos de ellos están seriamente influenciados por el apocalipticismo y esperan una inminente venida de Cristo; por lo que subvertir el orden establecido no está dentro de sus prioridades. Además, necesitamos tomar en cuenta que los autores, como el caso de Pedro, viven inmersos dentro de complicadas realidades sociales. Una cosa es ver el río descansando desde la orilla y otra muy distinta tratar de atravesarlo. Lo que sí podemos establecer categóricamente es que los principios sugeridos por los autores del Nuevo Testamento en materia de acción política son principios de reconciliación, es decir, siguen la línea general de toda la misiología cristiana del primer siglo.

Con relación a la responsabilidad que los cristianos tienen para con el orden civil, el autor destaca varios asuntos importantes. En primer lugar, los versículos 11 y 12 muestran que la conducta cristiana persigue presentar un testimonio público de fe. Aquí se compara a los cristianos con los extranjeros y peregrinos, es decir, personas que están de paso por un sitio y aunque saben que sus respectivas ciudadanías están vinculadas a otra nación, respetuosamente aceptan la de aquel sitio por el que transitan. La comparación con los «extranjeros y peregrinos» es además importante, porque tanto los unos como otros carecen de derechos por no poseer la ciudadanía del lugar donde transitan. Los cristianos a los que el Pedro escribe eran comunidades de inmigrantes carentes precisamente de ciudadanía y de derechos. En esa comparación la iglesia también se parece a Israel, que fue extranjero en Egipto.

Pedro habla de mantener una conducta ejemplar «entre los gentiles». Estas iglesias, como sabemos, estaban conformadas mayormente de judíos que vivían despatriados en ciudades gentiles. Por lo que podemos ver en el resto del versículo 12, los gentiles no tenían una buena opinión sobre los judíos. Esto tal vez se debía a sus costumbres y tradiciones muy peculiares, que los gentiles criticaban. Al mismo tiempo, los judíos tampoco tenían muy buena opinión de los gentiles. El término «gentil» podía utilizarse peyorativamente y en ocasiones parecía sinónimo de alguien tan degradado como un «publicano». Ambos términos se utilizan en el Nuevo Testamento precisamente como manera de referirse a personas no gratas para la comunidad judía. Originalmente, los gentiles confundían a las comunidades cristianas, viéndolas como sectas de la religión judía. Debido al carácter étnico de esos primeros grupos cristianos, y a la desinformación de los gentiles en relación al judaísmo y a la aparición del cristianismo, era fácil ver a los cristianos como asiduos miembros del judaísmo clásico.

Más adelante Pedro sigue dándole forma a este prontuario de comportamiento cristiano, con estas palabras: «Por causa del Señor someteos a toda institución humana». En los evangelios no se encuentra reseñada ninguna enseñanza de Jesús donde se exponga el asunto de la relación entre la fe y la obediencia al estado. Sin embargo, varios autores del Nuevo Testamento discurren sobre el tema. Tanto Pablo —en su carta a los Romanos (en el capítulo trece)— como Pedro están de acuerdo en someterse voluntariamente al orden establecido. En ambos casos se da por sentado que tal orden es una extensión del orden divino. Pedro les hace ver a sus lectores que por razón de su fe en el Señor es necesario que vivan observando las leyes humanas en el contexto de la sociedad civil. Como dijimos, la iglesia primitiva entendió que esa era una forma eficaz de dar un testimonio encarnado. Es por eso que se añade la frase: «Para que en lo que murmuran de vosotros como de malhechores, glorifiquen a Dios...».

El propósito de la conducta del cristiano ante el orden establecido era revertir la opinión que los gentiles tenían (obviamente basadas en infamias), y así dar a conocer al Señor. En el tiempo de la iglesia primitiva el testimonio verbal no era el más frecuente. La manera principal de proclamar a Cristo era viviéndolo dentro del contexto en que se encontraban. Era una especie de evangelización por medio del carácter. Por ejemplo, dice Pedro: «y hagáis callar la ignorancia de los hombres insensatos». Es evidente por estas palabras que pesaba un estigma sobre los cristianos de aquel tiempo.

Sobre los judíos se tejió una gran lista de especulaciones entre el mundo pagano. Como los primeros cristianos eran considerados por muchos como una secta judía, esos mismos prejuicios recayeron sobre ellos. El buen testimonio de los cristianos sirvió para despejar las malas interpretaciones de los no creyentes. Se puede decir entonces que el consejo del autor es una práctica cristiana que además ayudaría a reivindicarlos en la opinión pública.

Los deberes ciudadanos del cristiano son entonces un asunto espiritual. Esta enseñanza fue la doctrina social de muchos de los primeros cristianos, influenciada también por una expectativa de la segunda venida de Cristo (Parusía) inmediata. Pablo enseña algo parecido en Romanos 13 y lo mismo aparece en la Primera Epístola a Timoteo (1 Ti 2.2). Lo más probable es que tal posición en relación con la arena socio-política se basara en una interpretación de Mateo 22.21, cuando Jesús dijo: «Da, pues, a César lo que es de César y a Dios lo que es de Dios». No se trata de ninguna manera de dualismo, pero sí de un respeto a la autoridad que Dios ha dado al orden humano. La función del estado es de preservar el orden para que la coexistencia humana pueda efectuarse bajo parámetros consistentes con el propósito divino. Todos los extravíos que se dan en los distintos sistemas políticos pueden amenazar la intención de Dios y su orden; el asunto es que los cristianos del primer siglo estaban imposibilitados de establecer un orden ajeno al ya existente. Además, sabían bien que ningún orden político de origen humano sería la solución definitiva al llamado «pecado social» (opresión, racismo, etc). Por lo tanto, esperaban la llegada de un orden que no tendría origen humano sino divino: el reino de Dios.

Los versículos dieciséis y diecisiete resumen la ética cristiana en cuanto a relaciones cívicas. Recordándoles vivir en libertad, Pedro les advierte que tal es la base de la vida cristiana. Libre es quien tiene la madurez para someterse voluntariamente a lo que es mejor para el beneficio de otros. El cristiano es quien ha decidido vivir en respeto a las instituciones humanas, para beneficio de otros y para la gloria de Dios. El versículo diecisiete resume lo que se espera que un cristiano deba hacer: «Honrad a todos, amad a los hermanos. Temed a Dios. Honrad al Rey». Esta seguidilla de imperativos es un resumen de su enseñanza sobre este tema. Como se puede ver en esta síntesis, lo individual, lo social, lo público, lo sagrado, en fin todo, es parte de la responsabilidad del cristiano. Esto quiere decir que las responsabilidades cristianas no terminan en Dios, sino que es allí donde empiezan, de tal manera que lo que tiene que ver con su exterioridad, es decir son su prójimo, también forma parte de su espiritualidad.

Pedro dedica una sección a hablar de quienes además de la autoridad del gobierno civil tienen otra autoridad a la cual responder. Muchos cristianos pertenecían a esta segunda clase de personas. Recordemos que el cristianismo fue un movimiento religioso que creció entre las masas populares. Era un segmento social formado mayormente por proletarios y hasta esclavos. «Estad sujetos a vuestros amos...», no solamente a los buenos y afables sino también a los difíciles de soportar. Por lo que dice más abajo, al utilizar a Cristo como ejemplo de sujeción ante el gobierno o ante los amos o jefes, podemos entender que en esa sujeción hay una proclamación del carácter de Dios y un testimonio vivo. Pedro les recuerda: «Para esto fuisteis llamados...». Dar testimonio de Cristo no es asunto opcional para los creyentes. En la concepción que Pedro tiene del cristianismo, no es posible ser genuinamente un creyente sin esas marcas públicas de testimonio. En la mente del autor la fe no es un asunto privado, sino que tiene serias ramificaciones políticas.

El testimonio cristiano es casi imperceptible en condiciones normales. Sería fácil comportarse gentilmente cuando somos objeto de un trato afable y considerado. Pero tal obviamente no era la situación de los esclavos, muchos de los cuales vivían en condiciones infrahumanas.

Pedro deja claro que testificar de Cristo es un asunto que implica sufrimiento. Es por eso que el sufrimiento de Cristo se toma como ejemplar. Sufrir por Cristo es el único sufrimiento dignificante, porque sufrir por Cristo se basa en el amor. La audiencia del apóstol podía identificarse fácilmente con el sufrimiento de Cristo, pues ellos mismos sufrían permanentemente. La frase «Para esto fuisteis llamados» está conectada al sufrimiento ejemplar de Cristo. El cristiano está llamado a compartir el sufrimiento de Cristo. No se puede amar sin sufrir, ni ser cristianos sin ser como Cristo. Los cristianos del primer siglo, como ya dijimos, practicaban el bautismo en agua y también el bautismo en sangre —el martirio— el cual tomaba lugar en medio del sufrimiento de la persecución. Quienes perseguían a los cristianos eran precisamente los reyes (emperadores), a quienes el apóstol pide honrar. Esto por sí mismo nos dice que el odio está prohibido para los creyentes.

b. La conducta del cristiano en relación con su cónyuge (3.1-7)

En continuación con la misma línea de pensamiento, el autor ahora aplica los mismos principios a la relación de matrimonio. Pide que las esposas sean sujetas, en lo cual concuerda con la carta a los Efesios (5.21). Pedro habla de una conducta «casta y respetuosa» como testimonio cristiano. Es muy probable que la intención de esta sección fuese aconsejar a esposas y esposos cuyos cónyuges no habían abrazado la fe en Cristo. Pedro hace también referencia a la manera de vestir, por el hecho de que en ese tiempo las mujeres eran conocidas por lo que vestían. Entre la cultura pagana las extravagancias y vanidades eran comunes. Por eso a la mujer cristiana le sería mejor darse a conocer por sus cualidades internas: un carácter maduro y una personalidad austera. Por otro lado, la mujer grecorromana se conocía por su suntuosidad y vanidad excesivas, con las que escondían defectos de carácter y personalidad. Es así como la mujer cristiana estaba llamada a mostrar lo mejor de sí: «un espíritu afable y apacible». Esa manera de vivir con esas marcas genuinas de belleza interna debía darse en cada mujer de fe. En un mundo como el nuestro donde la mujer vive una verdadera obsesión por lucir bella, sexy y divertida, estas palabras son de carácter paradigmático, es decir, guías y rectoras de un sentido más profundo de belleza. Es una belleza que no se limita a la apariencia sino que toca la esencia misma del ser, una belleza integral.

Como podemos ver, Pedro no podía dejar de referirse a algo tan inherente a la cotidianidad del ser humano. Todo este segmento se basa en la presuposición de que el cristianismo es una nueva forma de relacionarnos y que por lo tanto le era estrictamente necesario abordar este tipo tan particular de relaciones humanas. El matrimonio es uno de esos estados donde se puede dar un mejor testimonio de la fe. Por ser el matrimonio una relación tan cercana, en las relaciones interpersonales, puede ser también descuidado o abusado. Precisamente por eso, testificar de Cristo desde el fragor mismo de esa relación tan compleja era una forma pertinente de elevar la reputación pública del cristianismo. Además, esto también tenía un carácter evangelizador en el caso de parejas que no compartían la misma fe.

Del esposo cristiano también se tienen algunas expectativas que deben formar parte de la vida cotidiana en pareja. De ellos se esperan que sean considerados y caballerosos, que protejan a sus esposas, en pleno entendimiento de que ellas son «coherederas de la gracia de la vida». Esto quiere decir que de ninguna manera las mujeres pueden ser tenidas por inferiores o como personas subordinadas a otros. Ellas tienen el mismo rango espiritual. Por lo tanto, poseen los mismos derechos y privilegios que los hombres. La gracia de Dios no las ha discriminado y por eso son coherederas. La cosmovisión judeocristiana de la mujer no propone en ningún momento un trato distinto con relación al hombre.

Por último Pedro añade: «Para que vuestras oraciones no tengan estorbo». Esto quiere decir que la relación matrimonial no está separada de la relación con Dios. La espiritualidad cotidiana comienza con nuestro prójimo y, como decía Lutero, nuestra esposa es nuestro primer prójimo. Las relaciones construidas por el Espíritu Santo están concatenadas. Dios no puede estar en la mejor disposición de atendernos si nosotros hemos faltado en atender a nuestras esposas. De nuevo sobresale lo que hasta ahora es un común denominador en esta primera carta de Pedro. Se trata de los dos planos donde al cristiano le toca vivir, es decir, el plano de las relaciones interpersonales y el de la relación con nuestro Dios y Señor. Ambas dimensiones son simultáneas e ineludibles. Por eso podemos decir que la espiritualidad cristiana es verdaderamente plena e integrada. Nunca se nos hubiese ocurrido pensar que nuestra relación interna con Dios tenía tanto que ver con nuestra relación externa con nuestro prójimo; pero lo que Pedro nos está haciendo ver es que la forma correcta de orar es acompañar ese tiempo privado de una genuina honestidad pública.

c. La conducta del cristiano en relación a su prójimo (3.8-22)

Es inevitable, después de leer esta sección, reconocer que el cristianismo en sí mismo no es otra cosa que una manera plena de relacionarnos. El cristianismo implica transformación de vida y, por lo tanto, un cambio radical en nuestra manera de relacionarnos. De ahí que el apóstol dedique un segmento largo de su carta a hablar de la naturaleza y la forma de las relaciones desde la perspectiva cristiana.

Las relaciones interpersonales según Pedro se fundamentan en el sentido de unidad entre quienes forman el cuerpo de Cristo («un mismo sentir»), y también en la simpatía o la sensibilidad para con quienes nos rodean («compasión»). Luego habla del amor fraternal y de la actitud misericordiosa que debe caracterizar a los cristianos. Y finalmente añade el ser «amigables». La fe cristiana como nueva manera de relacionarnos hace que la experiencia de fe cristiana sea algo mucho más que una mera disciplina religiosa. Sin poder relacionarnos no podríamos ser cristianos. A quien desea vivir como náufrago en soledad total le será imposible

Primera epístola de Pedro

encarnar las virtudes del Espíritu Santo que se manifiestan en nosotros para los demás.

El autor continúa su discurso con la frase: «Mejor que padezcáis haciendo el bien» (v.17). La conducta del cristiano hacia su prójimo es tan elevada que a pesar de que ese prójimo en ocasiones es su enemigo, debe seguir amándole como lo hizo Cristo y darse a un servicio devoto. Este tipo de relación es sin duda algo que sólo se puede manifestar bajo la influencia y la dirección del Espíritu Santo. Al tomar en cuenta el contexto de persecución donde los cristianos se desenvolvían, vemos lo delicado y difícil de estas expectativas éticas. Los cristianos no sólo estaban llamados a ser amorosos con quienes les amaban, sino también con sus propios enemigos y verdugos. Ser cristianos es una forma renovada de relacionarnos aun con quienes buscan destruirnos. Pedro habla de «presentar defensa con mansedumbre y reverencia». Esa es una manera muy peculiar de defender algo. En realidad lo que se puede leer en el fondo es que ni aun por defender el evangelio debemos enemistarnos con otro ser humano. Pedro vuelve a la frase: «para que en lo que murmuran de vosotros como de malhechores...», lo cual nos trae de nuevo a que esa conducta es testimonial, es la manera más contundente de predicar a Cristo. A través de ese testimonio real no sólo silenciamos a quienes emiten opiniones torcidas acerca de nuestra fe, sino que además revelamos el impacto que Cristo produce en la vida humana. No hay duda de que el impacto que el cristianismo causó dentro del imperio romano tuvo que ver con ese estilo de vida que iba más allá de las expectativas convencionales de la moral pública.

En los versículos dieciocho al veintidós el autor regresa a su paradigma: Cristo. Una vez más Cristo es el ejemplo supremo. Pedro quiere ilustrar lo que más tarde les pedirá hacer a sus hermanos en la fe. Como se puede ver, la teología de Pedro gira permanentemente sobre el ejemplo vivo del Señor. En especial se destaca el sufrimiento de Cristo por el ser humano como ejemplar. En esto la teología petrina y la juanina tienen la misma perspectiva: el sacrificio de la cruz es el ejemplo más elevado de amor. De esta manera el autor también logra crear un nivel de identificación entre el sufrimiento que el Señor padeció y el que les toca vivir a ellos.

Otro aspecto muy importante de este texto es que al hablar de Cristo, Pedro desarrolla una síntesis teológica muy precisa y no menos seminal. Elabora lo que podríamos llamar el primer bosquejo de los artículos del posterior «Credo apostólico». Esos puntos culminantes de su pensamiento enfocado en la obra de Cristo le permiten desarrollar su propia suma teológica. Pedro es muy consistente con su visión trinitaria de la historia de la salvación.

Como vimos ya en los versículos 18 al 22, el autor desarrolla una cristología nuclear que parece ser un minicredo jesucristiano. En esta síntesis se menciona a Noé y el diluvio como un acto prototípico de la salvación que nos vendría por medio de Jesucristo. El autor vincula el diluvio con el bautismo. Esto es semejante a lo que Pablo hace al vincular el bautismo con otros eventos bíblicos (1 Co 10.1-4). En ambos casos el bautismo tiene que ver con Jesucristo, quien murió y resucitó. Por eso nuestro autor dice: «mediante la resurrección de Jesucristo». Así como Noé se salvó porque estaba en el arca por haber creído la promesa de Dios, así también nosotros somos liberados del pecado en la muerte y resurrección de Cristo. Pablo lo dice como sigue: «Porque somos sepultados juntamente con él para muerte por el bautismo, a fin de que como Cristo resucitó de los muertos por la gloria del Padre, así también nosotros andemos en vida nueva».

(Ro 6.4). El autor ve en el arca una figura prototípica que señala espiritualmente a Cristo y la salvación a través de las aguas del bautismo.

6. Cristo: ejemplo para soportar el sufrimiento de la vida cristiana (4.1-19)

Todo el capítulo cuarto de esta carta es una prolongación sobre el tema de los sufrimientos de Cristo, que para el autor son el principal paradigma sobre el que se construye la experiencia cristiana. Esa «teología del sufrimiento» no era relevante sólo para la iglesia en diáspora, sino también para nosotros hoy. Martín Lutero, en el siglo XVI, entendió perfectamente este énfasis de Pedro. Lutero contrastaba la «teología de la cruz» con la «teología de la gloria». Esta última era considerada falsa porque apelaba sólo a la ambición humana y no a la fe. La teología de la gloria es especulativa porque nada conocemos de la gloria de Dios, ni nada glorioso hay en nosotros para compararlo con la sobrenatural gloria de Dios, la cual ni siquiera Moisés tuvo acceso a ver. La teología de la cruz, por el contrario, nos muestra que la cruz es el único lugar de encuentro con Dios, porque en su dolor y en nuestro dolor nos identificamos. Dios se hizo vulnerable pero al mismo tiempo accesible; sólo ahí nos dejó ver su rostro. El cristiano conoce a Dios en la sabiduría de la cruz. De esta manera el sufrimiento es una puerta abierta para conocer a Dios en la persona de quien lo sufrió todo por nosotros.

Este capítulo comienza así: «Puesto que Cristo ha padecido por nosotros en la carne, vosotros también armaos del mismo pensamiento...». Como podemos ver, el acto sacrificial se presenta como ejemplo del vivir cristiano, de su actitud ante la vida. Ese sacrificio de Cristo no es sólo un evento externo ilustrativo, sino el núcleo del amor divino hacia nosotros y por lo tanto es el epicentro de nuestra fe y transformación. Es así como podemos entender lo que sigue: «pues quien ha padecido en carne, terminó con el pecado». El sufrimiento de Cristo es el punto de partida para una vida diferente y consistente con la voluntad de Dios. Por eso el cristiano no debe vivir más en la carne, es decir, «conforme a las pasiones humanas». Vivir sin las pasiones humanas es abrazarse a la cruz, es negarse a uno mismo, es el camino del sufrimiento por causa de Cristo; por eso: «basta ya el tiempo pasado para haber hecho lo que agrada a los gentiles (lascivias, placeres, borracheras, disipaciones y abominables idolatrías)».

Por causa de la cruz el cristiano vive ahora en contra de la corriente, es decir, en contra de aquello que a los demás (gentiles) les parece normal: «les parece cosa extraña que vosotros no corráis con ellos en el mismo desenfreno de disolución y os ultrajan...». La vida cotidiana es algo escandaloso para quienes no participan de ella. La notoriedad del cristianismo antiguo estaba basada en esa vida en dirección contraria al resto de la sociedad grecorromana. Contra los cristianos se tejieron muchas acusaciones que les costaron el desprecio social. Se decía de ellos que eran ateos, ya que no participaban junto a los demás del abultado politeísmo y de la idolatría común en el Imperio. También se decía de ellos que sus celebraciones secretas (llamadas ágapes), eran orgías cristianas. Se les acusó también de ser malos patriotas ya que evadían unirse a las fuerzas militares del Imperio.

Es importante destacar que en el cristianismo primitivo nunca se hicieron falsas ofertas. Desde el mismo momento de su conversión, los cristianos sabían de las implicaciones de la fe cristiana. Esto quiere decir que no habían motivaciones secundarias o ulteriores; era un asunto estrictamente de fe, fe genuina, porque al aceptar el camino de

Cristo había más razones para desertar que para perseverar en la fe. Los cristianos entendieron desde muy temprano que ser discípulos era caminar por un camino tortuoso. El mismo Jesús en el capítulo nueve de Lucas hace tremendas advertencias a quienes sin saberlas se proponían como candidatos de la experiencia cristiana.

Ahora bien, los cristianos estaban llamados a vivir en el Espíritu, lo cual implicaba despreciar las pasiones de la naturaleza pecaminosa. Para quienes vivían en el viejo orden, la actitud cristiana era considerada como repelente y despreciativa. Esa fue la causa por la que muchos cristianos fueron ultrajados y discriminados. En realidad el cristianismo no gozó de una gran reputación hasta los comienzos del siglo cuarto, cuando comenzó a ser tomado en cuenta por las autoridades romanas por su arrolladora presencia, tanto cualitativa como cuantitativamente. En el 313 d.C., el emperador Constantino y su colega Licinio promulgaron lo que se llegó a conocer como el Edicto de Milán, por medio del cual autorizaban la tolerancia completa para el culto cristiano. Desde ese momento en adelante el cristianismo pasará a ser un factor decisivo para darle un segundo aire a un imperio que daba claras señales de desquebrajamiento.

En el segmento de este texto que va del versículo siete al once, Pedro concentra la atención en lo positivo, es decir, en lo que el cristiano debe poner de su parte. Les dice: «y ante todo tened entre vosotros ferviente amor, porque el amor cubrirá multitud de pecados». El estado normal de la vida cristiana es el amor; el amor es la esencia misma de Dios, y Dios es completamente bueno. Cada vez que amamos rechazamos el mal.

El mal no puede tomar espacio en tanto que amemos. La manera más nítida de mostrar el amor divino es hacer lo que el Señor hizo: él se hizo siervo para servirnos. El cristiano está llamado a dar ese amor en cuotas de servicio a los de la fe y a los no creyentes. Es por eso que Pedro aborda el tema del uso de los dones espirituales: porque cuando estos se ejercen en amor, nos convierten en siervos efectivos de nuestros semejantes. Es importante en este punto recordar que el amor (ágape) no es un sentimiento o un acto emotivo, sino una manifestación del Espíritu en nosotros que energiza nuestra voluntad para actuar a favor de los otros.

Por último, en la sección que va del versículo doce al diecinueve, el apóstol regresa a su ciclo típico de utilizar a Cristo como el mejor ejemplo de fe cristiana. Les dice a sus lectores que no se sorprendan por la llegada de esta prueba. Y añade: «Al contrario, gozaos por cuanto sois participantes de los padecimientos de Cristo...». Incluso llega a decir: «Si sois ultrajados por el nombre de Cristo, sois bienaventurados...». En todo esto el sufrimiento no se justifica; es decir, no hay un culto al sentimiento. Ni siquiera se le presenta como disciplina religiosa. Pero sí está claro que el cristiano está llamado a sufrir sólo por el nombre de Cristo. Cualquier otro tipo de sufrimiento es incorrecto. Sólo por dejar el nombre de Cristo en alto, lo cual quiere decir, sólo por obedecer la voluntad expresa de Dios en su Palabra, es que el cristiano debe estar dispuesto a afrontar las consecuencias. El martirio en la iglesia primitiva nunca fue un asunto de heroísmo, sino un asunto de convicción en obedecer la voluntad de Dios. No hay nada de sublime o noble en sufrir; es el sufrir por amor a Dios y al prójimo lo que verdaderamente justifica el sufrimiento. La flagelación y el masoquismo nunca fueron prácticas del cristianismo temprano. Nadie hubiera considerado esto siquiera como una posibilidad en medio de tan cruel persecución. La práctica de la penitencia, la vida ascética y anacoreta (vidas de extrema austeridad, disciplinas espirituales y rigidez moral) no fueron modelos adoptados por los cristianos de la era apostólica. Estas prácticas surgieron posteriormente y reflejaban un entendimiento teológico alterado.

7. Consejos finales para los ancianos y los jóvenes (5.1-11)

Estos breves consejos son asuntos finales de carácter práctico, que el autor no desea pasar por alto, pero tampoco alargarse en una explicación detallada. Los ancianos en este caso deben entenderse como se entendían en la tradición judía: no como una referencia a la edad, sino a un estado de madurez y responsabilidad. En Israel se llamaban ancianos a un grupo de hombres que conformaban el «Sanedrín» o cámara de los ancianos, donde se tomaban las decisiones más importantes de la nación judía. Pero el término es más antiguo, ya que los reyes escogían entre sus consejeros a ancianos experimentados y sabios para orientarse por medio de sus opiniones.

(1 R 12.5-7). La iglesia primitiva se apropió de ese término para referirse a sus dirigentes, especialmente los que ejercían cierta función pastoral, con los cuales Pedro se identifica como uno de ellos. En conclusión, «anciano» es un nombre que denota un rango de autoridad paternal aceptada cordialmente.

Epístolas universales

En la *Didajé*, un manual para iglesias y líderes cristianos del segundo siglo, ya se pueden leer instrucciones a los líderes de congregaciones cristianas. Estos escritos guardan una conexión con los Hechos de los Apóstoles y en un sentido se puede decir que son una ampliación de esos consejos iniciales. El apóstol les ruega a estos ancianos: «ruego... apacentad la grey del Señor». Este es el mismo ruego que Jesús le hizo a Pedro tres veces: «Apacienta mis ovejas» (Jn 21.15-17). Apacentar es el acto de proveer el mejor alimento a las ovejas; es protegerlas y resguardarlas. El pastoreo de ovejas era un modo de producción muy propio del Medio Oriente. Por eso la utilidad de esa analogía. El caso es que las ovejas, además de ser animales dóciles e indefensos, tienen una visión muy corta. De ahí que precisen de un pastor para algo tan elemental como comer. Su limitada visión también las hace presa fácil de animales rapaces. Los pastores eran diestros en luchar hasta matar estos animales. De ahí la agilidad que tenía David y lo fácil que le resultó matar a Goliat.

A los ancianos o pastores locales se les ruega hacer este trabajo de apacentar, tomando en cuenta los siguientes consejos: cuidar de la iglesia con la intención, motivación y actitud correctas, sirviendo como modelo de la congregación. Es un trabajo que requiere dar lo mejor de ellos, para lo cual deben estar dedicados. Hay para ellos también una promesa importante: «y cuando aparezca el príncipe de los pastores, vosotros recibiréis la corona incorruptible de vida». La corona no es un premio sino una posición de autoridad para ejercer dominio. Por eso Cristo se describe aquí como «Príncipe de los pastores», pues ellos reinarán junto con él. Pedro utiliza el término «Príncipe de los pastores», mientras los evangelios por su parte se refieren a Jesús como el «Buen pastor». Y en los Salmos, Dios mismo es presentado como pastor de Israel (Salmo 23). La analogía tiene una larga tradición, pero el énfasis para el que se usa siempre es el mismo. Aunque en este caso se hable de un oficio encomendado a algunos de los creyentes, su significado sigue siendo el mismo. En conclusión, quienes han sido llamados como pastores tienen la responsabilidad ya ejemplificada, nada más y nada menos que en Dios mismo.

A los jóvenes, por su lado, se les pide que estén «sujetos a los ancianos». Esto implica un orden espiritual que debe ser obedecido, y sobre todo les recuerda la actitud humilde que deben mantener. Los jóvenes son impetuosos y autosuficientes; son todo menos humildes. Por eso el apóstol pone el dedo en la llaga y les recuerda ver las cosas desde una actitud típica de su edad juvenil. Pedro al igual que Santiago cita el texto de Proverbios para reforzar esa idea, enfatizando que el Señor tiene contentamiento con los humildes (Pr 3.34). La literatura de sabiduría (sapiencial) de Israel era bastante conocida entre aquellos autores y lectores de extracción judía.

Lo más importante que le aconseja a los jóvenes ha venido a convertirse en una cita clásica, y es un texto particularmente conocido: «Sed sobrios y velad, porque vuestro adversario el diablo, como león rugiente, anda alrededor, buscando a quien devorar». Otra analogía del autor tomada de la realidad cotidiana de los palestinos. Los leones hacían de las ovejas presa fácil, aunque en ocasiones y debido a su diligencia y cautela los pastores podían impedirlo. Aquí, sin embargo, se les dice a las ovejas que hagan lo que deben hacer los pastores, es decir, «ser sobrios y velad». Lo que Pedro quiere decir es que nuestras vidas están siendo asechadas por nuestro enemigo, quien ha venido a «hurtar, matar y destruir» (Jn 10.10). Estar alerta es el estilo de vida que adopta el cristiano. Ser sobrios significa no entretener nuestra mente con nada que nos haga perder el conocimiento y la realidad de las cosas. Velar significa un estado permanente de concentración. Estar advertidos y vigilantes es la manera como prevenimos caer en las garras del león. Los jóvenes por causa de su inexperiencia tienen la tendencia a exponerse incautamente a situaciones que comprometen su estabilidad. El consejo para ellos es no tomar riesgos innecesarios.

También se les pide a estos jóvenes que resistan al enemigo por medio de una vida de fe. En esto el apóstol tiene la misma exhortación que en las epístolas pastorales se le ofrecen al joven Timoteo: «Huye también de las pasiones juveniles» (2 Ti 2.22). Entonces, tenemos que los jóvenes deben resistir al diablo y que para ello deben huir de las pasiones juveniles. El diablo está fuera de nosotros; pero nuestros deseos no. Los autores bíblicos dedican mucha atención a exhortar sobre el control de los deseos y pasiones humanas. Estas pasiones arrastran a un estilo de vida licencioso y permisivo, contrario a la vida de autocontrol bajo el Espíritu de Dios.

8. Despedida (5.12-14)

En los tres últimos versículos de la carta, Pedro no se despide sin antes mencionar a dos de sus colaboradores, a Silvano, conocido como Silas, y a Marcos. Ambos fueron colaboradores de Pablo en sus viajes misioneros y tenían por lo tanto experiencia ministerial. Como se aclaró al comienzo, la iglesia en Babilonia es una referencia a la iglesia en Roma, lugar desde donde se supone que Pedro escribió esta carta.

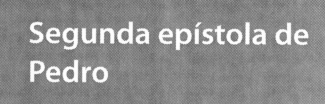

Segunda epístola de Pedro

Introducción

Es imposible leer la segunda carta de Pedro sin sentir la urgencia de sus palabras y el estado de notable preocupación por parte del autor. Después de escribir su primera carta, parece que el apóstol recibió informes de sus remitentes de algunos de los detalles sobre la situación de las iglesias sobre los cuales no trataba en la carta inicial. Ese cambio drástico en el temario de la segunda carta refleja información adicional.

Sin perder la perspectiva pastoral, Pedro se lanza a ponerles fin a ciertos asuntos delicados que pudieron haber sido la causa de divisiones y hasta extravíos en las iglesias a las que escribe. En esta segunda carta trabaja el tema espinoso de la apostasía de los falsos maestros y de la venida inminente de Cristo. Este nuevo temario fue sin duda respuesta a necesidades concretas. No hay ninguna información adicional a la que nos ofrece el Nuevo testamento sobre el ministerio del apóstol Pedro. Por ello no podemos saber si tenía acceso directo a las iglesias o si dependía de un informante. Su avanzada edad sería sin duda su más grande limitación.

Esta segunda carta se nos presenta como escrita posiblemente desde Roma, donde se cree que Pedro murió. La primera carta se coloca aproximadamente en el tiempo de la gran persecución de Nerón (64 d.C.), y la segunda alrededor del 67 d.C., poco antes de la muerte de Pedro que se anuncia en la carta.

La carta mantiene un estilo muy parecido al de la anterior y a su forma exhortativa. Guarda mucha similitud temática y de estilo con la carta de Judas. Esta similitud fue una de las razones por las que en el proceso de inclusión al canon del Nuevo Testamento, la paternidad literaria de la carta fuera cuestionada. El hecho es que algunos pensaron —y muchos estudiosos de la Biblia piensan todavía— que se trataba de algún autor seudónimo que escribió la carta haciéndose pasar por esa voz autorizada de la iglesia que fue Pedro.

El otro asunto importante es que el autor se presenta como Pedro anticipando su muerte, lo cual nos resulta un poco difícil de entender sin tener una relación cercana con Pedro. Aquí se nos presenta Pedro con una certeza de que el desenlace de su vida se acerca. Por otro lado, también es significativo que continúan apareciendo rasgos teológicos importantes que guardan continuidad con la primera carta. Uno de esos rasgos es la visión trinitaria del autor. Otro la continua referencia al Señor con el nombre compuesto de «Jesucristo». También permanecen intactos la visión escatológica y el tono exhortativo que caracterizó a la primera carta. Así que, aunque haya una diferencia entre la composición literaria intricada de la primera carta y el estilo de la otra, no dudamos que hay una misma mente elaborando las ideas que aparecen en ambas. Esto quiere decir que los pensamientos desarrollados en ellas se originan en la misma persona.

Hay otro elemento importante que debemos tomar en cuenta. Se trata de que a diferencia de la primera carta, donde Pedro de presenta simplemente como: «Pedro apóstol de Jesucristo», ahora se presenta como: «Simón Pedro, siervo y apóstol de Jesucristo». Para muchos esto no tiene mucha importancia; pero sí la tiene, ya que la ratificación de sus nombres (identidad) podría calificarse como un hebraísmo. Tal pareciera que esa insistencia en revelar su identidad, oficio y autoridad tenga que ver con el delicado y espinoso tema que lo ocupará en esta segunda ocasión. Pedro se ve en la necesidad de establecerse como voz autorizada, ya que en su condición de testigo ocular podía escribir sobre estos asuntos que perjudicaban a la iglesia del primer siglo. Es igualmente importante que el autor de esta carta declara haber escrito una anterior de la cual los destinatarios tienen conocimiento (3.1). Por último, Pedro, como vimos anteriormente, tiene la tendencia a citar abundantemente el Antiguo Testamento, y la presente carta no es la excepción. Es muy probable que el autor debió memorizar muchas de las citas que utiliza en sus escritos.

Otro elemento bastante interesante es el abundante uso de imágenes e ilustraciones que hacen que la lectura de la carta fluya, permitiéndonos una comprensión más completa de las ideas que el apóstol busca transferir. En el caso de las cartas de Juan, como veremos posteriormente, hay una ausencia casi total de ilustraciones, de imágenes y de analogías. En ese otro caso, el autor destacará por su habilidad de composición literaria.

El siguiente bosquejo puede ayudarnos a sintetizar y analizar el material literario y espiritual contenido en esta carta:

1. Saludo (1.1-2)
2. El conocimiento que afirma el llamado y la elección del cristiano (1.3-15)
3. Fuentes del conocimiento divino (1.16-21)
4. El conocimiento destructor (2.1-22)
5. El conocimiento que reafirma la esperanza del cristiano (3.1-16)
6. Conclusión (3. 17-18)

Comentario

1. Saludo (1.1-2)

El saludo es típico y es paralelo a lo que vemos en el resto de las cartas del Nuevo Testamento. Sin embargo como ya se ha dicho, el saludo de Pedro es importante en el contexto histórico en el cual se coloca la carta. Sólo hay un Simón Pedro, de la misma manera que sólo hay un Jesús-Cristo. Pedro insiste intencionalmente para no dejar duda de su paternidad literaria y del contenido central del mensaje cristiano: «...la justicia de Nuestro Señor y Salvador Jesucristo».

Pedro utiliza con frecuencia el término «señor». En los primeros siglos de la era cristiana el término «señor» revestía gran importancia, pues los reyes y emperadores lo utilizaban. Llamar a alguien señor era en sí mismo una declaración de sujeción y observación de la autoridad de la persona a quien así se llamaba. Cuando los cristianos comenzaron a utilizar ese término para referirse al Mesías-Dios (Jesucristo), tuvieron que asumir grandes consecuencias, ya que al hacerlo dejaban claro que si

Jesús era «Señor», el César romano no lo era. Esta acusación fue también utilizada por quienes odiaban a los cristianos para ponerlos mal frente a las autoridades.

En esta declaración sobre Jesucristo, hay una claridad teológica de gran importancia. En ella se establece desde el primer momento que Jesús es la provisión de justicia divina y que él mismo es Dios Salvador. Es muy probable que esta estocada temprana fuese dirigida a los grupos de judaizantes (ebionitas) que terminaron por desviarse de la fe. Estos grupos, contra los cuales también arremete Pablo en su carta a los Gálatas, sostenían que todos tenían que cumplir la ley de Moisés; y reconocían a Jesús como Mesías, pero no su divinidad. Pedro no deja ninguna duda al decir: «Dios y Salvador Jesucristo» (Cf. Ro 9.5). No pocos ven en estas declaraciones de Pedro una intención apologética (de defender la fe). En realidad no nos extrañaría, ya que por la propia carta podemos ver que ésa es una de las razones que lo mueven a escribir.

La otra posibilidad es que los judaizantes hayan sido uno de los varios grupos que, infiltrados dentro de las iglesias, provocaban el extravío de otros cristianos. En realidad y en honor al texto, los judaizantes no parecen ser los únicos en influir sobre estas comunidades de fe.

Otro asunto interesante es que el tema del conocimiento se puede ver desde el saludo hasta la conclusión. Al comenzar la carta dice: «Gracia y paz os sean multiplicadas, en el conocimiento de Dios y de Nuestro Señor Jesucristo». Al concluir dice: «Creced en la gracia y el conocimiento de Nuestro Señor y Salvador Jesucristo». Pedro nos prepara para un estudio fascinante donde destaca, de manera contrastada, dos tipos de conocimiento. Conocer era unas de la inclinaciones de la cultura grecorromana, en la que el conocer era un acto de elevación hacia dios. Pedro presenta un nuevo conocimiento, un conocimiento que rompe los esquemas que ellos sostenían. Como veremos, va a proponer una manera insospechada de poseer toda la verdad: Cristo es el verdadero conocer.

2. *El conocimiento que afirma el llamado y la elección del cristiano (1.3-15)*

Nos resulta muy interesante que Pedro diga que el divino poder opera por medio del conocimiento. Ahora bien, no se trata de cualquier tipo de conocimiento, sino del «conocimiento de aquel que nos llamó por su gloria y excelencia» (v.3). Ese es el conocimiento que tiene el poder para transformar; esto se debe a que el conocimiento de Cristo no es puramente un acto racional, sino que por medio de la fe es un acto de relación profunda, de unidad. Esto quiere decir que a Dios se le conoce por estar unido a él, por medio de la actividad del Espíritu Santo. Ese conocimiento divino, esa nueva forma de saber, trae consigo «preciosas y grandísimas promesas». A Dios se le conoce por la fe y la fe es la respuesta a la promesa divina. Entonces, esta nueva manera de conocer es sobrenatural y divina, basada en la fe y revelada por medio del Espíritu Santo (Cf 1 Co 2). Entonces tenemos que sólo al unirnos a Dios lo conocemos. Conocer a Dios desde afuera es sólo saber algo acerca de Dios. Conocerlo, sin embargo, es estar unido a él. Para poder conocerlo, Dios tiene que dejarnos participar de su naturaleza divina, es decir, del Espíritu Santo. Pedro está refiriéndose en este caso a una forma no convencional de conocer, lo que en términos académicos se denominaría una nueva epistemología; sólo que ésta no se estudia en las aulas de una universidad, sino que es revelada única y exclusivamente por el Espíritu Santo.

Luego Pedro añade: «Para que por esas promesas lleguéis a ser participantes de la naturaleza divina» (v.4). Sin duda esta frase nos permite profundizar en el estudio del carácter de la fe. La fe nos da entrada a una relación especial con Dios, donde somos reconocidos como hijos e hijas y se nos da a participar de su ser (el Espíritu Santo). El término «naturaleza divina» debe entenderse en este texto como una referencia a la presencia del Espíritu Santo en nosotros con su respectivo operar divino, es decir, con la manifestación en nuestras vidas del fruto divino (Cf Gl 5.22-23). Las dos marcas del Espíritu en la vida de cada cristiano tienen que ver con la manifestación del fruto del Espíritu y de los dones espirituales. Es importante que para una vida cristiana espiritualmente saludable se mantenga ese orden.

La fe verdadera siempre termina por convertirse en frutos del Espíritu. El propósito de la fe es darnos a conocer el amor, lo cual no es un asunto del intelecto (asunto puramente cognoscitivo). El amor es el lenguaje del Espíritu, el conocimiento divino (el logos), y sólo se posee en relación con Dios. Es precisamente por esto que el apóstol en el versículo cinco escribe: «Por esto mismo, poned, toda diligencia en añadir a vuestra fe virtud...». Esto quiere decir precisamente lo que dijimos: la fe siempre termina por ser acciones concretas de amor. La fe se tiene que probar como verdadera en actos de virtud, por lo cual da paso a esta manifestación espiritual. Está claro que la virtud es algo que los cristianos deben buscar con denuedo, ya que la fe debe demostrarse por medio de la buenas obras de amor, es decir, por medio de la virtud.

El conocimiento, el dominio propio, la paciencia y la piedad son manifestaciones espirituales que todo cristiano debe procurar. Todas tienen que ver con la conformación del carácter cristiano. Esto quiere decir que la fe tiene que tener un efecto dentro y fuera de nosotros. Una vez que Dios ha depositado en nosotros la semilla de la fe, es lógico tener la expectativa de verla germinar en manifestaciones espirituales diversas. Nótese que esta larga lista termina en «amor fraternal». Esto se debe a que el fin de toda fe verdadera a la que se le permite manifestarse en la plenitud del Espíritu Santo siempre desemboca en el amor. La fe y el amor son dos polos de una misma unidad. La expresión bíblica: «La fe sin obras está muerta», puede volverse a escribir: «La fe sin amor está muerta». El amor es fruto del Espíritu y el cristiano se conoce por sus frutos. Pedro por esto acota: «Si tenéis estas cosas y abundan en vosotros, no os dejarán estar ociosos y sin fruto...» (v.8). Jesús en los evangelios DECLARA que el árbol que no produce fruto «será cortado». Esta sin duda es una manera de referirse a la actividad natural del creyente. La expectativa divina es que produzcamos frutos, lo que es igual a decir que manifestemos el fruto del espíritu.

Tenemos entonces que el cristiano maduro y efectivo es la persona que tiene fe y vive procurando llevar el fruto del Espíritu. Quien no vive esta dinámica es muy corto de vista; está ciego, habiendo olvidado la purificación de sus antiguos pecados. Ahora bien, sabiendo el apóstol que esa actitud infructuosa y poco decidida es una posibilidad, añade este consejo: «Por lo cual, hermanos, tanto más procurad hacer firme vuestra vocación y elección, porque haciendo estas cosas jamás caeréis» (v.10). Esta promesa de no caer está ligada al esfuerzo y dedicación que se demanda del cristiano, a quien al poner en acción su fe se le hace inevitable dejar en libertad las manifestaciones de amor. Lo que nos previene de caer es estar concentrados en hacer lo bueno. Por eso alguien dijo que si no se le enseña a un niño una profesión, se le enseña a ser ladrón. No debe extrañarnos el que una persona ociosa sea parte del problema y no de la solución.

Segunda epístola de Pedro

Si una persona se olvida, como dice Pedro, «de sus antiguos pecados» es como un individuo que pierde su identidad: que deja de reconocer su origen y su procedencia. En el caso de los cristianos, necesitamos mantener siempre viva la memoria de la situación de donde Dios nos ha sacado, es decir, nuestra procedencia miserable. Al hacerlo valoramos la gracia que hemos recibido. Antes de Dios encomendarle a Israel los diez mandamientos por medio de Moisés, el preámbulo que utiliza es el siguiente: «Yo soy Jehová tu Dios, que te saqué de la tierra de Egipto, de casa de servidumbre» (Ex 20.2). Necesitamos recordar siempre que Dios nos ha sacado de la casa de servidumbre. Él es quien nos liberó del pecado. Mientras mantengamos esto presente, sabremos que regresar a Egipto no es para nosotros una opción.

En el fragmento que va del versículo doce hasta el quince, el apóstol Pedro asume un tono más personal con su audiencia, revelando una vez más el gran afecto que debió existir entre las partes. Dos cosas valiosas se dicen aquí. Una de ellas es el compromiso que asume Pedro de ser un recurso para esas iglesias («yo no dejaré de recordaros siempre estas cosas»). Asume un rol de consejero permanente. La segunda es que Pedro les anuncia un asunto tan delicado como su propia muerte, pero al mismo tiempo une su anuncio con lo anterior diciéndoles: «Yo procuraré con diligencia que, después de mi partida, vosotros podáis en todo momento tener memoria de estas cosas».

3. Fuentes del conocimiento divino (1.16-21)

En este texto se presentan dos fuentes que según el autor garantizan lo que sabemos de Dios. Esto es de decisiva importancia, ya que el contexto histórico en el que se desenvuelven estas iglesias parece sugerir la presencia de líderes religiosos extraviados, para quienes otras fuentes de conocimiento eran consideradas válidas. Pedro insiste en este texto que sólo hay dos fuentes seguras y fidedignas para obtener conocimiento de Dios. Por eso se dice que no había dado a conocer a Cristo «siguiendo fábulas artificiosas». Estas fábulas artificiosas o engañosas eran cuentos que distorsionaban las enseñanzas de Cristo y alteraban datos y sucesos de la vida del Señor. De alguna manera el texto parece dejarnos ver un asunto de fondo. No sería nada extraño que estas iglesias fueran el blanco de predicadores itinerantes que alteraban aspectos de la doctrina cristiana. Tengamos en mente que estas congregaciones vivían dentro del denso follaje de ideas paganas, y que por lo tanto era lo más normal que esas ideas tocaran permanentemente en la puerta de estas comunidades. Las llamadas «fábulas» pueden ser una referencia a una práctica típica de la cultura grecorromana, la cual consistía ensamblar largas piezas mitológicas con el único objetivo de darles un uso lúdico, es decir, para el uso del entretenimiento.

Pedro, en contraste con esas enseñanzas distorsionadas, dice que dio a conocer a Cristo con la autoridad de quien ha visto con sus «propios ojos» la majestad del Señor. Dicha majestad es una referencia a la glorificación que recibió Cristo del Padre en el relato evangélico descrito como la «transfiguración», donde Pedro dice haber escuchado la voz celestial del Padre que decía: «Este es mi hijo amado, en el cual tengo complacencia». ¿Por qué entiende Pedro que esa experiencia era una fuente válida para conocer a Cristo? En realidad todos los milagros, prodigios y enseñanzas de Cristo probaban su divinidad. Pedro está enfatizando el hecho de que su experiencia histórica al lado de Cristo estaba lejos de ser un cuento; era un testimonio que él, así como otros apóstoles, podían dar. La experiencia rigurosamente histórica con Jesús les calificaba a ellos y a quienes aceptaban su testimonio para desechar y desmentir las fábulas que se hacían circular acerca de la vida y obra de Jesucristo.

Esta es la primera fuente aceptada para el conocimiento sobre Cristo. Ese testimonio da paso a los evangelios que recogen la experiencia de los apóstoles con el Señor. La fe evangélica es la que cree en Jesús como evangelio, basándose en el testimonio de sus discípulos. Los cuatro evangelios son recopilaciones de las escenas más importantes en la vida de Jesús, organizadas en órdenes cronológicos. Ese testimonio es la fuente primaria o principal del conocimiento que tenemos de Jesús.

Ahora bien, el evento de la transfiguración es clave como paradigma de conocimiento de Cristo, es precisamente en él donde se ratifica de manera indubitable el carácter mesiánico y divino de Jesús. Como sabemos Moisés y Elías estaban presentes en aquella ocasión. Moisés representaba la ley por ser su portador y Elías representaba a los profetas por ser el más destacado de entre ellos. Los judíos dividían la Escritura en la Tora (ley) y la Tana (profetas). Tenemos pues que en el evento de la transfiguración tanto la ley como los profetas, es decir, toda la Escritura ahí representada, afirman y ratifican a Jesús como Mesías prometido y Dios Salvador. Pero aún más, si alguna duda de interpretación hubiese quedado en ellos, Dios Padre mismo le da confirmación final al asunto de emitir opinión sobre Jesús. De esta manera el evento no era simplemente un asunto de interpretación subjetiva, sino una clara y contundente revelación de Cristo.

Es importante notar que el conocimiento autorizado sobre Jesús tiene que estar sustanciado por las Escrituras. Esto quiere decir que las Escrituras son testigos fidedignos de la vida de Jesús.

En segundo lugar, Pedro menciona la segunda fuente considerada válida. Se trata del testimonio de los profetas: «Tenemos también la palabra profética más segura». También puede traducirse esto por «la palabra profética garantizada». Dicha palabra profética, como bien enseña el autor, no es de orden privado: «Ninguna profecía de las Escrituras es de interpretación privada, es decir, no nos llegó por voluntad humana», sino por inspiración del Espíritu Santo. Ninguno de los profetas que hablaron de parte de Dios y cuyas profecías están registradas en el Antiguo Testamento, lo hicieron por decisión privada. Los profetas son intérpretes de la ley desde una perspectiva renovada y todos actuaron inspirados por el Espíritu de Dios.

Estas dos fuentes identificadas por Pedro están en perfecta armonía con la carta a los Efesios: «Edificaos sobre el fundamento de los apóstoles y profetas, siendo la principal piedra del ángulo Jesucristo mismo» (2.20). La iglesia temprana, a juzgar por esta opinión de Pablo, aceptaba como autoritativo también lo que Pedro nos presenta como fuentes de conocimiento fidedigno de Cristo. En conclusión, si alguien enseña sobre Cristo y ese mensaje no está en afinidad con el testimonio de los testigos oculares de Jesús y el testimonio de los profetas, no debemos aceptarlo. Ese otro tipo de conocimiento debe ser considerado como «fábulas artificiosas». Es un mensaje herético. Es importante destacar que en el Nuevo testamento la herejía es parte de la lista de pecados. Esto quiere decir que no se refiere a un mero error o equivocación involuntaria, sino que es la acción intencional de deformar el mensaje inspirado por Dios.

4. El conocimiento destructor (2.1-22)

Todo el segundo capítulo está dedicado al asunto de los falsos profetas o maestros que perjudican a las congregaciones. No cabe la menor duda que además de la tensa situación creada por las persecuciones, la infiltración creada por estos falsos maestros creó un segundo y más funesto frente de ataques. Los falsos maestros fueron de gran perjuicio debido a que se trataba de enfermedades difíciles de detectar por la familiaridad que debieron tener con las iglesias locales. La sugerencia que aparece en Timoteo respecto a los llamados «neófitos» (nuevos creyentes) debe ser considerada dentro del tema que nos ocupa. Allí se sugiere que los neófitos no enseñen. Es muy probable que esto sea la conclusión pastoral de ver el perjuicio sostenido que un indocto puede causar dentro de una congregación. No se trataba de que hubiese tal cosa como una licencia para enseñar la fe; pero sí, que los líderes estaban debidamente reconocidos y autorizados para ejercer dicho ministerio. En el caso de la primera carta a los Corintios sabemos del caso de Apolo, elocuente y carismático comunicador, pero por lo que nos muestra Hechos, todavía algo tierno en materia doctrinal.

Estos falsos maestros infiltrados en la iglesia del primer siglo fueron tema de exhortación de varios de los autores del Nuevo Testamento. Las características de estos maestros desviados concuerdan con las que nos proveen Judas y Segunda de Timoteo. Parece tratarse de un problema generalizado dentro del cristianismo temprano; la *Didajé* también menciona algo relacionado a los falsos maestros que actuaban incorrectamente. Debido a las extraviadas enseñanzas de los tales, el evangelio se ha inflamado y el camino a Dios se ha oscurecido: «y muchos seguirán su libertinaje y por causa de ellos, el camino de la verdad será blasfemado» (v.2). La palabra «blasfemia» significa hablar injuriosamente de Dios o también el acto de usurpar funciones divinas. Que el camino del Señor sea blasfemado significa por lo tanto vivirlo de una manera indigna, de tal manera que se contradiga la realidad y naturaleza de Dios.

Veamos algunas de las características para identificar a estos falsos maestros: «Hacen mercadería de vosotros». Esta es una manera de decir que los tales capitalizaban sus dones espirituales para enriquecerse. En otras palabras, comerciaban con el evangelio. Para tales fines utilizaban «palabras fingidas». Esto quiere decir que estos individuos se caracterizaban por la manipulación de sus audiencias. Recordemos también que en la Edad Media la práctica de la simonía (comprar funciones religiosas) fue común.

El autor también describe la condición moral de aquellas gentes al escribir: «Aquellos que siguiendo la carne andan en placeres e inmundicia, y desprecian el señorío. Atrevidos y obstinados, no temen decir mal de los poderes superiores... tienen los ojos llenos de adulterio, no se sacian de pecar, seducen a las almas inconstantes, tienen el corazón habituado a la codicia y son hijos de maldición. Han dejado el camino recto y se han extraviado siguiendo el camino de Balaam, hijo de Beor, el cual amó el premio de la maldad y fue reprendido por su iniquidad... son fuentes sin agua y nubes empujadas por la tormenta... hablan de palabras infladas y vanas, seducen con pasiones de la carne y vicios... les prometen libertad y son ellos mismos esclavos de corrupción». Dos cosas deben llamar nuestra atención en esta descripción exhaustiva de estos falsos maestros. La primera es que todo esto se dice de individuos que en algún momento profesaron la fe y la cultivaron en el contexto de la iglesia; lo segundo, que para tener un retrato hablado tan pormenorizado como este, no podría tratarse de casos aislados sino de una verdadera epidemia de recién aparecidos herejes apóstatas. Debemos recordar que el cristianismo se abrió paso en medio de una copiosa variedad de ideas y filosofías paganas. Muchos que llegaron a unirse a la iglesia arrastraban muchas de esas ideas y no pocos terminaban mezclándolas con la fe cristiana. De esta manera se formaron grupos de tipo sincrético, es decir, que incorporaban ideas paganas a la doctrina bíblica. Uno de los casos más conocidos es el de los «cristianos y gnósticos» o el de lo cristianos docéticos. Incluso algunos muy nobles y fieles cristianos se excedieron en incorporar conceptos y términos filosóficos. Tal fue el caso del obispo de Antioquía Pablo de Samosata y también el del legendario maestro Orígenes de Alejandría.

También llama poderosamente la atención el hecho de que igualmente larga y detallada es la lista de juicio y condenación que pesa sobre quienes practican y esparcen este conocimiento destructor. Podríamos incluso decir que los versículos del capítulo dos se dividen entre los que describen a los falsos maestros y los otros que describen las consecuencias que traen sobre sí quienes incurren en este tipo de práctica. Entre los versículos cuatro al nueve, el autor deja claro con una contundente gama de ejemplos que el castigo para quienes se extravían y causan intencionalmente el extravío de otros no será aplazado ni suprimido de ninguna manera. Esto al punto que Pedro utiliza una fuerte expresión para referirse a la destrucción repentina que les espera: «La condenación los amenaza y la perdición los espera... para quienes la más densa oscuridad está reservada para siempre».

La actividad de los tales es tenida por despreciable porque emula la de Satanás, quien habiendo tenido comunión con el Dios verdadero se apartó para volverse opositor de lo bueno. Por otro lado, en el contexto del Antiguo y del Nuevo Testamento, la herejía fue tenida como pecado. Aún más, Primera de Timoteo atribuye las desviaciones doctrinales a la influencia de los demonios (1 Ti 4.1). El asunto está bastante claro: nadie puede reconocer a Jesús como Señor, a no ser que lo haga bajo la revelación que nos da el Espíritu Santo (1 Co 12.3). De la misma manera, nadie puede oponerse activamente al conocimiento de Dios, a no ser que esté bajo el influjo de las fuerzas del mal. La condenación de que habla Pedro les da el mismo trato que recibirán los seres celestes que se apartaron del servicio al Dios verdadero.

5. El conocimiento que reafirma la esperanza (3.1-16)

En este tercer capítulo, Pedro se propone abordar otro de los temas más controversiales de la arena teológica en el primer siglo. El tema de la segunda venida de Cristo fue sin duda un asunto de importancia entre las iglesias y tenía que ser explicado. En todo el Nuevo Testamento se puede notar una expectativa muy pronunciada entre las comunidades cristianas en relación con la llamada «Parusía». Con ese nombre se designaba la segunda y definitiva venida de Cristo en la consumación de los tiempos. En el cristianismo clásico se ha sostenido tradicionalmente la segunda venida de Cristo como un evento por realizarse. Esta doctrina está ampliamente desarrollada por varios de los autores bíblicos y también en los artículos del Credo Apostólico.

En el versículo dos de este tercer capítulo, el autor sintetiza el tema de las fuentes aceptadas por la iglesia cristiana como fidedignas para el conocimiento de Dios. Dice que deben acordarse de «las palabras que antes han sido dichas por los santos profetas, y del mandamiento del Señor y Salvador, dado por nuestros apóstoles». Como se puede ver, a los profetas y a los apóstoles se les atribuye aquí ser testigos fieles, útiles para dar a conocer a Jesucristo como Mesías y Señor de la humanidad. Esto es importante si tomamos en cuenta que el autor se dispone a desenmascarar otra modalidad de la herejía de aquel momento. En el primer siglo, como lo es también ahora, el tema del futuro fue objeto de gran especulación y controversia.

En recapitulación de lo dicho en los versículos anteriores de la carta, el autor se refiere a los maestros «burladores»: «En los últimos días vendrán burladores». Los tales burladores son quienes cometen fraude y engañan con la apariencia de estar haciendo lo apropiado. También vuelve a mencionar que los tales andan según sus propias pasiones. Esto quiere decir que una característica común de quienes practican estos extravíos es que, aunque aparentan piedad, su motivación última es la autosatisfacción. Este estudio que Pedro hace de aquellos líderes que se infiltraron en las iglesias con fines destructivos es de gran valor para nosotros hoy, ya que esta asechanza está aún vigente para las iglesias contemporáneas.

Ahora bien, la expresión «los últimos días» es típica en el Nuevo Testamento para referirse a los eventos que servirán de preludio a la segunda venida de Cristo. Ese período se caracteriza por la decadencia y el colapso final de la sociedad humana. Los extravíos doctrinales, la herejía, la confusión espiritual y la apostasía forman parte de esa decadencia global que se experimentará durante ese tiempo. Por otro lado, como podemos notar, la herejía es tan antigua como las primeras comunidades cristianas.

El contexto de esta carta nos permite identificar el problema de fondo. Muchos de esos predicadores itinerantes y falsos maestros que recorrían aquel territorio comenzaron a introducir la creencia de que la venida de Jesucristo no tendría lugar; o en algunos casos enseñaban que el Señor ya había venido por segunda vez. En cualquiera de los dos casos la doctrina escatológica del cristianismo fue severamente atacada. En consecuencia Pedro se ve en la necesidad de aclarar estos asuntos. Desconocemos la magnitud del problema en el contexto inmediato de esta carta.

Todo lo relacionado al tema de la Parusía y del desenlace final del mundo ha cautivado la atención de muchos teólogos de todos los tiempos. Sin embargo en el Nuevo Testamento el asunto es complejo. Pablo en su carta a los Corintios les aclara asuntos relacionados con la venida de Cristo o esa iglesia (cf. Capítulo 15). Pero no es exactamente la misma preocupación que tenían los cristianos de Tesalónica. Por eso esas cartas están enfocando otro aspecto del mismo tema. Pero en general no hay duda que el asunto fue complicado y requirió una explicación teológica cada vez más elaborada. No es por casualidad que el llamado «Credo Apostólico» contiene un artículo relacionado con la segunda venida de Cristo. Este credo fue ampliamente sostenido por toda la iglesia cristiana del occidente. También en un credo posterior, el Credo Niceno, que fue un credo común para toda la iglesia, tanto en el oriente como en el occidente, se sostiene la misma verdad teológica.

La expresión «El Señor no retarda su promesa, según algunos la tienen por tardanza» (3.9) es producto de lo que muchos pensaban y que Pedro busca rebatir. En primer lugar, el Señor sí es fiel a su promesa. Lo que pasa es que no quiere «que ninguno perezca». Entonces la segunda venida se ha prolongado como una expresión de su amorosa paciencia. Luego el apóstol afirma: «Pero el día del Señor vendrá como ladrón en la noche» (v.10). La expresión «como ladrón» es utilizada ampliamente en muchos textos (Mt 24.43; 1 Ts 5.2,4; Ap 16.15) como analogía para referirse al carácter inesperado de su venida. Dos cosas importantes hemos dicho: Por un lado, que la supuesta tardanza no es más que un acto de paciencia y misericordia de parte de Dios. Por otro lado, que no sabemos con seguridad el momento en que esto tendrá lugar (Hch 1.7).

Por lo que el autor deja ver en los versículos quince y dieciséis, esos falsos maestros utilizaron erróneamente los escritos paulinos. Como resultado de interpretaciones desatinadas, muchos de ellos comenzaron a enseñar un estilo de vida cristiana más relajado, sin expectativa hacia el futuro y por lo tanto sin vigilancia moral. Basándonos en las características que se proveen de estos falsos maestros, habría la posibilidad de pensar que se tratase de los llamados «nicolaitas», no sólo por el hecho de que Pedro menciona como ejemplo a Balaam (Nm 22.5; 24.3-15). La historia de Balaam es un mal ejemplo que ilustra la conducta de aquellos que engañan con el objetivo de enriquecerse. Juan los menciona en el mensaje a la iglesia de Pérgamo (Ap 2.12 -17). Estos nicolaitas, seguidores de un tal Nicolás, fueron de gran tropiezo para muchos cristianos porque, entre otras cosas, los seducían a prácticas inmundas y corruptas y a comer carne sacrificada a los ídolos. Es muy probable que la declaración resuelta en el concilio de Jerusalén (50 d.C. aproximadamente), en la que se prohíbe comer este tipo de carne sacrificada a los ídolos, fue incluida por causa de estas prácticas promovidas por estos grupos (Hch 15.29). Es por esto que Pedro dice que mantengan una actitud distinta: «Estando en espera de estas cosas, procurad con diligencia ser hallados por él sin mancha e irreprochables… sabiendo de antemano, guardados, no sea que arrastrados por el error de los inicuos caigáis de vuestra firmeza». Es importante notar que la ruina de un cristiano no sólo puede venir por medio de un desliz moral, sino también doctrinal. En muchas ocasiones cristianos que desde el punto de vista moral son intachables pueden perder su firmeza espiritual por asuntos de doctrinas. Por eso entre las armaduras que Dios le da al cristiano está el yelmo (casco protector), con el que simboliza la protección de la mente. El objetivo de cubrirnos con la armadura, dice Efesios, es: «para que podáis resistir en el día malo y, habiendo acabado todo, estés firme» (Ef 6.13). En esa misma línea el apóstol Pedro no quiere que caigamos de nuestra «firmeza».

6. Conclusión (3.17-18)

Estos dos últimos versículos logran resumir la intención del apóstol al enviar esta carta. Recapitula el tema de las tendencias doctrinales destructoras, siempre con el tema del verdadero conocimiento como telón de fondo. Por eso en el último versículo no puede dejar de volver a ese énfasis tan clave. De hecho, su consejo final es un consejo para evitar extraviarse de la verdad: «…creced en la gracia y el conocimiento de Nuestro Señor y Salvador Jesucristo». Notemos que el apóstol no dice que poseamos o mantengamos la gracia y el conocimiento, sino que dice: «Creced en la gracia y el conocimiento». Como podemos ver, el estado normal de las cosas en nuestra vida espiritual es el de un constante crecimiento.

Primera epístola de Juan

Introducción

Como es típico en el caso de las otras epístolas universales, las de Juan emergen de un profundo sentido pastoral y con el objetivo de aclarar o exhortar a las comunidades de fe en aquella época sobre la instrucción cristiana y sus implicaciones éticas. En el caso de las epístolas atribuidas al apóstol Juan, éstas son también de tipo contestatario o corrector. Dicho de otra manera, se escriben como resultado de problemas o crisis dentro de las iglesias con las que guarda relación.

De ello es necesario intuir que, si las muchas cartas y epístolas recopiladas en el Nuevo Testamento emergieron como resultado de las necesidades, crisis y conflictos de las iglesias, nuestra visión un tanto romántica de esas iglesias necesita corrección. Aquellas iglesias tenían problemas serios por resolver. Estudiando estas epístolas podremos formarnos una visión más real de lo que fue la iglesia primitiva.

Como en el caso de las epístolas anteriores, las tres que estudiamos ahora también muestran una relación muy cercana con su audiencia, por lo que se puede notar la calidez y camaradería entre autor y destinatarios. Las comunidades llamadas «juaninas» tenían una relación profunda con el autor —o autores— de estas cartas.

El historiador Eusebio de Cesarea, y otros después, recogen una tradición eclesiástica que dice que cuando las circunstancias adversas que enfrentó el cristianismo de Jerusalén obligaron a los apóstoles, y en general a los primeros creyentes, a diseminarse por buena parte del mundo conocido, los apóstoles se repartieron el mundo como zonas para su trabajo. Tomás por ejemplo, fue escogido para ir a Pardi; Andrés, para ir a Sintia; Pedro, para ir al Ponto, Galacia, Bitinia, Capadocia y Asia (con los judíos de la dispersión). Finalmente a Juan se le asignó ir al Asia Menor, donde debió desarrollar su ministerio. Eusebio, en calidad de historiador, asegura que Juan murió en la ciudad de Efeso. La mayoría de los historiadores no le dan crédito a estos informes de Eusebio y otros, aunque sí reconocen que hay una relación estrecha entre Asia Menor y un gran líder del cristianismo llamado Juan.

A pesar de los datos ofrecidos por Eusebio y otros autores posteriores, hay que señalar que la teoría que propone que Juan el apóstol y Juan el anciano son los mismos, y que por tanto fue el apóstol quien escribió esta carta, tiene cada vez menos aceptación. Un factor que complica el asunto es que tanto el Evangelio como la Primera Epístola son anónimos —el nombre de Juan no aparece en el texto mismo, sino en los títulos que se les dieron bastante más tarde. La segunda y tercera epístolas sí hacen referencia a «Juan el anciano»— o el presbítero. Lo que es más, cuestiones de estilo literario, el uso del idioma, etc., parecen indicar que el Juan del Apocalipsis no es ni el autor del Evangelio ni el de estas epístolas. No se descarta entonces la teoría de que estas cartas hayan sido escritas por uno o varios autores anónimos del siglo segundo —lo cual explicaría la tardanza de algunos en aceptarlas como literatura canónica. Algunos piensan que el autor de las epístolas fue sencillamente un anciano o presbítero de Asia Menor que en efecto se llamaba Juan, pero sin relación con el Cuarto Evangelio o con el Apocalipsis. Pero esto parece no explicar la autoridad que el autor parece tener sobre las congregaciones a las que escribe. Algunos han sugerido que Juan, el anciano, era discípulo del apóstol del mismo nombre y de ahí la necesidad del primero de identificarse a sí mismo como «el anciano». Estudios más recientes hablan de una «escuela juanina», varios de cuyos miembros pudieron escribir diversas partes de la literatura que después se le atribuyó a Juan —cada cual con su estilo y énfasis particulares, pero también con varios puntos teológicos en común. En tal caso, las tres epístolas atribuidas a Juan pudieron ser escritas por uno o más de los seguidores de tal «escuela juanina». En resumen, hasta el día de hoy no hay una explicación definitiva y generalmente aceptada sobre la paternidad de estas cartas.

En todo caso, el autor de estas cartas tenía una relación estrecha con las comunidades de fe a las que escribe. El problema básicamente consiste en que en ningún lugar de la epístola se menciona cuál o cuáles eran esas iglesias y tampoco su ubicación geográfica. Juan se refiere a ellas con expresiones que denotan una verdadera amistad. Les llama «queridos hijitos», «amados», «queridos hermanos», etc. Esa manera cálida y afectiva de referirse a sus destinatarios no deja duda de que era una comunidad bien conocida para él y por ello muchos eruditos se refieren a ella como la «comunidad juanina», tal vez formada por congregaciones próximas unas a otras en el Asia Menor.

Estilo, propósito y contenido de la carta

En realidad lo que llamamos la primera epístola de Juan es un sermón o un tratado teológico. Como se puede notar la carta no contiene la presentación del autor ni el típico saludo a los destinatarios y tampoco tiene palabras de despedida. Parece tratarse de un fragmento de un documento pastoral inconcluso o cuyos extremos están perdidos. La razón por la que se le considera una epístola es por el uso que se le dio entre las iglesias como misiva de tipo circular. Como hemos dicho anteriormente, esa modalidad fue de uso común en el primer y segundo siglos.

Esta obra, que se cree fue escrita en Efeso cerca del año 90 d.C., se dirige a un grupo de cristianos que ya para aquel entonces pertenecían a la segunda o tercera generación de creyentes. Eran tiempos un tanto distintos para las comunidades de fe. Tal vez con excepción de Juan, todos los otros apóstoles habían muerto y el movimiento cristiano enfrentaba nuevos desafíos. Precisamente por el hecho de ser una comunidad cristiana con más tiempo inmersa en el mundo pagano, estuvo más influenciada por conceptos, ideas y prácticas que a la postre se convirtieron en una gran amenaza para la fe. En algunos casos esto sucedió como resultado de la fusión del estilo de vida cristiano con ideas y costumbres de la cultura dominante. Se produjeron así algunos sincretismos religiosos de los que hablaremos luego.

El propósito general de las cartas de Juan era exhortar pastoralmente a estas comunidades que vivían dentro de unas circunstancias muy peculiares y tal vez algo distintas de las restantes comunidades mencionadas en el Nuevo Testamento. El consenso en relación a esto es que se trataba de problemas originados por la influencia del gnosticismo. Tenemos entonces que en línea general el asunto más grave a confrontar son las desviaciones doctrinales. En esto las llamadas epístolas universales tienen su denominador común.

Como dijimos ya, el docetismo parece ser la principal de esas desviaciones doctrinales. El docetismo deriva de la palabra griega «dokeo», que significa parecer o aparentar, pues sostenía que el cuerpo físico de Jesús era mera apariencia. Esto era doctrina común entre los gnósticos cristianos, cuya postura se caracterizaba por un dualismo radical entre el espíritu y la materia. Los docetas sostenían que como el cuerpo es materia y la materia es mala, Jesús no tuvo cuerpo, sino más bien una «apariencia» de cuerpo. Como podemos imaginar esa visión de la persona de Cristo negaba la encarnación de Jesús desde su nacimiento hasta su muerte y resurrección. El hecho de que no se le atribuyan en la carta imputaciones morales a estos extraviados teológicos parece indicar que se trataba de un grupo de orientación ascética, es decir, de rigurosa disciplina moral.

Mucha de la fraseología del Cuarto Evangelio se hace presente a lo largo de la carta. Con ella se expresan conceptos teológicos profundos. El cristianismo que propone Juan a sus iglesias es sencillo y claro de entender. Juan utiliza términos y contrasta palabras (verdad y mentira, luz y tinieblas, Cristo y anticristo, etc.) para facilitar la comprensión de sus tesis fundamentales. No hecha mano de ilustraciones y analogías como en el caso de otros autores bíblicos. Su discurso es llano, guiado por un orden lógico, de lo conocido a lo desconocido. La repetición de temas y su cristología radical marcan su estilo. Todo comienza y termina con Cristo. La dinámica del amor fraternal constituye la ética cristiana por excelencia. Resulta muy interesante notar que ante la desviación teológica y doctrinal, Juan insiste en la práctica del amor fraternal. Pareciera querer decirnos entre líneas que el amor es la manera indeleble e inimitable del cristianismo verdadero, e ingrediente preventivo de las divisiones causadas por asuntos doctrinales.

Otro elemento que caracteriza a la teología juanina es su desarrollado concepto de la Trinidad. Las referencias al Padre, al Hijo y al Espíritu Santo son cuantiosas. Pero aún más, como es típico en Juan, el tema de la Trinidad se desarrolla en función del concepto de conocimiento, comunión y comunidad. Así Juan nos lleva al punto de comprender que el amor es la manera de conocer perfectamente por medio de la comunión. Es por eso que Juan insiste en que ser cristiano es ser parte de la familia de Dios, es decir, estar en el Padre, en el Hijo y en el Espíritu Santo. Estar «en» es de profundo significado en toda la visión teológica del autor.

El Espíritu es uno de los temas teológicos que claramente se contrastan con otro tema inversamente proporcional, que es «el mundo». Se trata de lo del Espíritu contra lo del mundo. Esto no sólo añade un eslabón más a la extensa suma de contrastes que Juan desarrolla teológicamente, sino que también nos permite entender un asunto importante: que todo lo que se opone a Cristo (anticristo) es del mundo. Este es el autor del Nuevo Testamento que más desarrolla este asunto.

En conclusión, toda la obra está cuidadosamente entretejida y se desarrolla dentro de tres grandes ciclos temáticos, que como en el caso de un espiral expanden cada vez el contenido y lo profundizan. La construcción teológica va de lo simple a lo complejo.

Todas las epístolas pastorales de Juan a las iglesias con las que guardaba relación son un verdadero concentrado de doctrina, un genuino reservorio de inspiración para la fe. Juan es, como veremos en esta primera obra, sorprendentemente profundo en sus declaraciones teológicas e insuperablemente práctico en su acercamiento y aplicación. Nadie puede leer la primera carta de Juan y no sentirse desafiado a vivir un cristianismo real. Juan se caracteriza por no dejar nada a la imaginación, sino que puntualiza en cosas muy concretas de la vida.

«Un cristianismo real»: esa es la mejor manera de describir la propuesta ética y teológica de esta primera carta. Juan presenta un cristianismo básico, esencial y dinámico; un cristianismo sin aditivos, es decir, genuino, no artificial; un cristianismo que contrasta a lo lejos con el estilo plastificado del cristianismo, adoptado hoy por el Occidente.

Si pudiéramos leer la carta de Juan subrayándola con dos colores distintos, terminaríamos en un texto separado por dos colores. Toda la carta es un discurso intermitente de dos temas que se interpolan el uno al otro. El primero de esos temas generales es lo tocante al concepto ético del amor cristiano (ágape), que se convierte en la norma de vida de las comunidades juaninas. El segundo de los temas que se entrelazan es lo que Juan identifica como una desviación doctrinal que niega a Jesús y se relaciona con el anticristo. Estos dos temas marcan todo el contenido de la epístola, los dos polos de su exhortación pastoral.

La influencia de los gnósticos o docetas sobre las creencias de la iglesia es sin duda uno de los temas centrales para entender la dinámica de este escrito. Una teoría aceptada por muchos es la de la rivalidad espiritual que existió entre Juan y el predicador gnóstico de nombre Cerinto. Este maestro herético y sus seguidores enseñaban que el Espíritu de Cristo había venido sobre Jesús en su bautismo y había abandonado ese cuerpo un poco antes de la crucifixión. El Hijo de Dios entonces, según Cerinto, *parecía* estar encarnado en Jesús. Ese sincretismo entre los conceptos gnósticos y las doctrinas cristianas hizo de la doctrina de Cerinto una enseñanza altamente peligrosa dentro del cristianismo. Los gnósticos y los docetas llegaron a ser de gran amenaza para el cristianismo temprano.

La tensión creada por esta situación explica en buena medida los énfasis de la literatura juanina tanto en el evangelio como en las cartas. Ireneo nos deja saber que la ciudad de Efeso fue el escenario del encuentro entre Cerinto y Juan. Según Ireneo, Juan consideraba a su opositor «enemigo de la verdad». De ser así el telón de fondo de estas cartas era una apología radical ante la rapiña de un hereje influyente.

Para efectos de nuestro estudio en la primera carta de Juan, proponemos el siguiente bosquejo:

1. Introducción. Preámbulo temático (1.1-4)
2. Primer ciclo temático (1.5–2.29)
3. Segundo ciclo temático (3.1– 4.6)
4. Tercer ciclo temático (4.7–5.12)
5. Conclusión: Las certezas de los cristianos (5.13-21)

Comentario

1. Introducción. Preámbulo temático (1.1-4)

En estos cuatro primeros versículos de la carta, el autor ofrece una sinopsis de los temas que posteriormente desarrollará. Debemos notar sin embargo que esta obra no tiene, como otras epístolas, una sección de presentación de parte del autor y de saludo para su audiencia. Hay varias maneras de explicar lo que pudo suceder. La primera es que éste sea un sermón escrito que circuló y se leyó entre las iglesias; segundo, que la carta haya perdido la parte introductoria. Sin embargo la carta no posee tampoco una despedida, y sería muy extraña coincidencia el que se perdiesen tanto la introducción como la despedida. La tercera posibilidad, es que por causa de la relación tan cercana con estas iglesias, Juan deja a un lado todo tipo de formalidad. Esto explicaría la ausencia de una introducción formal y de una despedida.

Como podemos ver, el comienzo de la epístola tiene un gran parecido con el comienzo del evangelio. El concepto de Jesús como «verbo» (logos), es sin duda un aspecto típico en el pensamiento juanino. Ahora la epístola asegura: «Lo que hemos oído, lo que hemos visto con nuestros ojos». Este énfasis no es accidental. Lo que Juan parece querer decir es que él junto con los otros discípulos recibió directamente la enseñanza de Jesús, y junto a los demás fue testigo ocular de su encarnación. En todo caso, sí está claro que afirma que está hablando de realidades físicas e históricas, y no de meras apariencias. Esto en su calidad de preámbulo prepara la dirección del resto de la presentación, que será de carácter apologético. Juan se presenta desde el comienzo como testigo total (que oyó y vio), y por lo tanto plenamente calificado para instruir sobre este asunto.

El tema del «logos» en Juan es de vertebral importancia, debido a que dentro de la cosmogonía griega (dentro del amplio mundo del razonar griego), la palabra logos era una de esas de carácter ampliamente seminal, como lo fue también la palabra «belleza». El conocimiento y la belleza eran los dos grandes polos del pensar griego—de hecho, en algunas ocasiones la una arropaba a la otra. Muchos pensamientos eran adoptados como ciertos simple y llanamente por la estética en la elaboración de su composición literaria. Lo curioso en todo caso es que Juan parece estar instruyendo a judíos que están aprendiendo a vivir dentro de la cultura griega, o puede tratarse también de judíos helenizados (judíos educados e influenciados por la cultura griega). En todo caso, lo que resulta magistral en el pensamiento juanino es la habilidad para integrar aspectos propios de una cultura y depositar dentro de esas estructuras semánticas (lenguaje), un contenido distinto como era la fe cristiana. El tema del logos es apenas un aperitivo teológico, ya que en los sucesivos capítulos desarrollará una temática genuinamente cristiana, armando todo un andamiaje lingüístico, fácil de entender por aquellos quienes han sido formados en el pensamiento griego. Categorías como luz, verdad, conocimiento, vida, etc., son ahora repotenciadas en sus significados teológicos.

La palabra verbo o logos está unida a «lo que era desde el principio», como una referencia a la primera palabra de la Escritura en el libro de Génesis, ya que Dios lo creó todo en el principio. Los cristianos sostenían que el logos lo había creado todo (la palabra hablada por Dios). Esto era muy importante en el proceso de rebatir los argumentos de las corrientes gnósticas que sostenían que Dios no pudo haber creado el mundo porque la materia es mala, y Dios no hace nada malo. Juan establece desde el comienzo que el logos estaba «desde el principio», y que por eso también se encarnó, al punto de poder verlo. Desde el primer momento, está construyendo una plataforma sólida donde reposar sus argumentos teológicos. En el segundo versículo insiste: «...la vida fue manifestada y la hemos visto y testificamos...». Como se pudo notar, el énfasis de Juan está en el hecho de que lo que él testifica no es una especulación sino un hecho real que él presenció.

No cuesta mucho darnos cuenta que estos primeros versículos están repletos de significado teológico. Con su afirmación «lo que era desde el principio», se adelanta a lo que se afirmará en el siglo cuarto como definitivo. Nos referimos a que en el Concilio de Nicea (325 d.C.), se establece que Jesucristo es «co-eterno con el Padre». Por eso Juan asegura que ya estaba en «el principio», es decir, existe con el Padre desde la eternidad. En línea con lo anterior, Juan establece que Cristo (verbo-logos) es eterno. Dice : «...estaba con el Padre y se nos manifestó...».

Los gnósticos creían que Jesús era una emanación de Dios. Juan en cambio le llama el logos creador, es decir, Dios mismo. Esa teología trinitaria es un arma filosa en las manos del autor, quien está decidido a corregir los extravíos de los falsos maestros que operaban al interior de las iglesias, mezclando la fe con los errores gnósticos.

Juan declara también aquí el objetivo pastoral de este escrito. Dice que escribe este testimonio para fomentar la comunidad por un lado; y además, para completar el gozo de los cristianos con quienes él guarda relación. Esto es importante de destacar. El objetivo fundamental de aprender la teología y de estudiar la doctrina cristiana debe ser siempre el de acercarnos más al Padre y al Hijo. No se trata de conocer por conocer. La doctrina debemos conocerla para conocer más de él, para penetrar en la dinámica del corazón de Dios.

que somos nosotros quienes necesitamos ser transformados por Dios, ya que la meta cristiana claramente enseñada extensamente en el Nuevo Testamento es que alcancemos a ser como él es.

Ahora, a partir del versículo siete, Juan nos dirige al asunto del mandamiento siguiendo aun con sus típicos contrastes: habla del «mandamiento nuevo» y del «mandamiento viejo». En realidad, como podemos ver por el contexto, se refiere al mismo mandamiento, es a saber, al deseo expreso de Dios para la vida humana. Es muy probable que la expresión: «El mandamiento antiguo que habéis tenido desde el principio» sea una referencia al deseo o la voluntad única e inconmovible de Dios para el ser humano, ya que en «el principio» no hubo mandamiento sino hasta el Sinaí (Ex 20). La expresión «el mandamiento antiguo» puede ser una referencia a la ley mosaica o la ley de nuestras conciencias humanas a la cual Pablo se refiere en su carta a los Romanos (Ro 1.19-21). En cualquiera de las dos posibilidades el principio es el mismo y aun en lo que él más adelante llamará: «El nuevo mandamiento».

Ahora bien, la razón por la que se distingue entre «nuevo» y «antiguo» es que esa voluntad única e invariable se expresó en dos formas, aunque su contenido era del mismo. En el Sinaí las tablas de la ley contenían los mandamientos expresados de manera negativa: «no te harás, no hurtarás, no codiciarás, etc.». Esto se debió básicamente a que el pecado había dejado la tendencia hacia lo malo como condición natural. El mandamiento como ley externa no podía transformar al ser humano, sino solo hacerlo consciente de su necesidad de Dios. En el Nuevo Testamento, Jesús interpreta a los mandamientos devolviéndoles su única e inmutable esencia: el amor. Jesús dice: «Amarás al Señor tu Dios con todo tu corazón y con toda tu alma, y con toda tu mente y con toda tus fuerzas». Este es el primer mandamiento. El segundo es semejante: amarás a tu prójimo como a ti mismo» (Mc 12.30-31). Aquí Jesús empieza citando la Ley tal como aparece en Deuteronomio 6.5, como cualquier judío podría esperar; pero a continuación cita Levítico 19.18 en lo que al prójimo se refiere. Esto quiere decir que Jesús, siguiendo la tradición de los profetas, relaciona el servicio a Dios con el amor al prójimo. Así que el nuevo mandamiento es el mismo antiguo, pero quizá con mayor énfasis. Por eso «el que odia a su hermano está en tinieblas» (v.11). Todo esto quiere decir que amar es la prueba fidedigna del verdadero conocimiento.

Quien no ama no tiene la luz, no tiene a Dios y por lo tanto no conoce nada: «Porque las tinieblas le han segado sus ojos» (v.11).

La epístola guarda una importante relación entre amar y conocer. La realidad es que Juan entiende al amor como el bien perfecto, y desde luego, como Dios mismo. Esto es lo que hay que conocer para decir que conocemos. Sólo conocemos a Dios al experimentar el amor divino y demostramos conocerlo en actos de obediencia. La mención de las «tinieblas» como agente de la ceguera en el ser humano (ceguera espiritual) no es exclusiva de Juan, ya que Pablo la usa con el mismo propósito.

En los versículos doce al catorce, se elabora una transición literaria poco común. Juan hace una pausa en el discurso para captar la atención de su audiencia antes de rotar a la segunda temática del primer ciclo. Al referirse a estos grupos distintos que componen la comunidad de fe con la que él se relacionaba (una comunidad multigeneracional), logra crear un tono nuevo y al mismo tiempo les afirma en la fe. Les reconoce sus logros y virtudes, y así también crea en ellos la disposición para escuchar lo que sigue.

En los versículos quince al diecisiete, crea un preámbulo temático para más tarde desarrollarlo en detalles. Aquí nos introduce al núcleo de la controversia y también al asunto intrincado del mundo: «No améis al mundo ni las cosas que están en el mundo, si alguno ama al mundo, el amor del Padre no está en él» (v.15).

El mundo no puede ser el objeto de amor del cristiano. El mundo es la esfera, la dimensión del mal. Si pudiéramos describirlo mejor, tendríamos que decir que el mundo es el ecosistema donde vive y se reproduce el pecado. Si el reino de Dios es la realidad divina, el mundo es su antítesis, es decir, la antirealidad, el antireino, el antipropósito y la anticreación. El mundo opera estimulando la naturaleza caída en el ser humano, lo cual quiere decir que el mundo es un orden de valores y principios del mal, que hace fecundar el pecado y con él la muerte. El pecado y la muerte siempre van de la mano. La muerte es el estado final del pecado, su destino.

El mundo opera cautivando al ser humano a través de los deseos de la carne, «los deseos de los ojos» y «la vanagloria de la vida». Lo que esta triple alteración del mal quiere decir es que el objetivo del mundo es exacerbar en nosotros el pecado a tal punto que nos destruyamos a nosotros mismos. El mundo se nos presenta como seductor, pero es un orden de destrucción total. Esa destrucción comienza con los deseos de nuestra naturaleza pecadora, unidos a los deseos que alimentan nuestros sentidos (los deseos de los ojos). Claro que todo esto termina con «la vanagloria de la vida». Lo que comenzó por dentro, por deseos y por la parte sensorial, ahora termina en la posesión total de la vida desviada de su propósito divino. La vida humana fue creada para la gloria (Ro 8.28-30), y no para la vanagloria, lo cual es lo opuesto al propósito de Dios. Por eso Juan acota: «el mundo pasa y sus deseos, pero el que hace la voluntad de Dios permanece para siempre» (v.17). La voluntad de Dios es inversamente proporcional a la acción del mundo. Nada de lo que es del mundo puede reconciliarse jamás con Dios.

Es importante destacar que Juan describe el pecado como algo que procede de dentro del ser humano—de todo su ser y no sólo de su cuerpo físico. La palabra que Juan utiliza es «carne» (sarx), que se refiere a la naturaleza misma del ser humano. No se refiere al cuerpo físico (soma). La razón era para decirles a quienes abrazaban las corrientes gnósticas que la corrupción producida por el pecado y promovida por el «mundo» es total. Los gnósticos sostenían que lo malo venía sólo del cuerpo físico, mas no del alma. Juan ayuda a sus lectores a ver la perspectiva bíblica, para que puedan superar el dualismo característico de los gnósticos. El dualismo como principio filosófico no hace otra cosa que alterar las categorías judeo-cristianas. Las nociones minadas por las perspectivas dualistas se caracterizan por una espiritualización de la realidad, es decir, por emplazar la importancia o el valor de la realidad física, al punto de despreciarla. El autor, en conocimiento del contenido dualista de las filosofías y religiones de su tiempo, y de su presencia infiltrada en la iglesia a través de maestros y grupos dualistas, busca definir el pecado como una condición humana que no se limita a los aspectos físicos de la vida. No hubo tal cosa como grupos dualistas o maestros del dualismo. Este siempre viene entremezclado en corrientes filosóficas que dan cabida a esa manera particular de representar la realidad.

Tenemos entonces, que amar al mundo es amar lo que se opone a Dios, lo cual está en línea con lo que puntualiza Santiago (Stgo 4.4). Esa es la otra estocada al gnosticismo, pues Juan presenta al mundo como una realidad no física sino espiritual. El mundo no es la materia, sino el orden (o desorden) que se fundamenta en la desobediencia a Dios. De esta manera, en lo espiritual también puede residir el mal y no solo en el mundo material (la creación), como lo sostenían los seguidores de aquellas corrientes dualistas. Entonces, ni lo espiritual ni lo material es bueno en sí mismo. Sólo lo divino es bueno. Sólo Dios es luz y amor. El cristiano está llamado a amar a sus seguidores como consecuencia de su amor a Dios; pero por amor a Dios, no debe amar al mundo. Esto quiere decir que el mandamiento nuevo y el antiguo siguen en vigencia porque siempre habrá la necesidad de ejercer el amor.

Desde el versículo dieciocho y hasta el veintinueve, el autor expone asuntos relacionados al mundo; en otras palabras, asuntos referentes a las manifestaciones del mundo en la vida de la iglesia. Se refiere por ejemplo al anticristo y a los anticristos, que son aquellos que niegan la realidad y la actividad divina. Este es el anticristo, pues niega al Padre y al Hijo (v.22). El mundo es el antireino, y el mentiroso es el anticristo (v.12). Tanto el uno como el otro se sirven del engaño y tienen por fin negar a Dios. Se podría decir entonces que el antireino y el anticristo son realidades con las que «el mundo» busca reemplazar aquello que es verdadero: El Reino y Cristo. El mundo, como podemos ver, es en toda su operación como sistema u orden una manera altamente organizada de negar la verdad.

Por lo que nos deja ver en el versículo diecinueve, los maestros del error lograron que muchos se apartaran de Cristo y que como consecuencia de ello se propagaran esas ideas destructoras. Pero el autor asegura que quienes abandonaron la verdad «no eran de nosotros». Eso puede ser una referencia a las comunidades juaninas (la iglesia en el Asia Menor). Pero en todo caso quienes son de Cristo «permanecen», y según el autor, esto se debe a la «unción del Santo». Muchos estudiosos afirman que aquí la unción se refiere al derramamiento del Espíritu Santo. Así como el aceite se derrama sobre los elegidos para el servicio de Yahvé, así el Espíritu ha ungido a todos los cristianos para llamarnos al servicio colectivo en la iglesia y en la sociedad. Somos pueblo de sacerdotes (Ex 19), real sacerdocio (1 P), y por lo tanto somos ungidos con un propósito santo. Juan dice que gracias a esa unción «conocéis todas las cosas...» (v.20). Además, «la unción que vosotros recibisteis de él permanece en vosotros y no tenéis necesidad de que nadie os enseñe, así como la unción misma os enseña todas las cosas» (v.17).

Es importante en este punto comprender el sentido bíblico de la palabra «unción». La unción se practicaba como parte de los ritos en los que se delegaba autoridad para facultar a una persona a cumplir con propósitos específicos. En el Antiguo Testamento, los sacerdotes y reyes eran ungidos porque tenían responsabilidades que cumplir de parte de Dios. Jesús es el ungido de Yahvé porque es escogido para hacer la obra de Dios en la tierra. Tenemos entonces que la unción es la elección divina para llevar a acabo una función con un propósito particular, lo cual siempre viene acompañado de la autoridad delegada por Dios para poder realizarlo. Es pues la unción una capacitación sobrenatural para una misión terrena.

Por la manera en que Juan describe esta unción, no nos cabe duda que se trata del Espíritu Santo y que tenga en mente el texto de Jeremías que dice: «Pondré mi ley en su mente y la escribiré en su corazón, yo seré su Dios y ellos me serán mi pueblo. Y no enseñará más ninguno a su prójimo, ni ninguno a su hermano diciendo: «Conoce a Jehová», porque todos me conocerán» (Jer 31.34). Dios escribió sus leyes en nuestros corazones al derramar su Espíritu en nuestras vidas, y el Espíritu nos enseña y nos revela quién es el Padre y el Hijo. La función del Espíritu Santo es iluminar y revelarnos a Dios.

Tenemos como cristianos la unción divina por el Espíritu derramado sobre nosotros. Efesios lo llama el sello del Espíritu (Ef 1.13). Dios nos ha dado su Espíritu para que nos lleve a conocerle y haga producir su fruto, que es el amor. Así como es el Espíritu Santo quien nos lleva al Padre (Ro. 8.15), y al Hijo (1 Co 12.3), ese mismo Espíritu también nos revela al anticristo, es decir, al que niega al Padre y al Hijo. Negar es lo opuesto a lo que el Espíritu Santo hace en nosotros. El Espíritu nos da testimonio de que Dios existe y nos lleva a conocerlo de manera especial (Gl 4.6). Esto quiere decir que quien tiene en su vida al Espíritu Santo no puede jamás negar al Padre o al Hijo. Es por eso que Juan insiste: «...habrían permanecido con nosotros; pero salieron para que se manifestara que no todos son de nosotros» (v.19). El Espíritu Santo no puede estar opuesto al propio Espíritu Santo. Por eso Jesús dijo en una ocasión: «Todo reino dividido entre sí mismo es asolado...pero si por el dedo de Dios echo fuera los demonios, ciertamente el reino de Dios ha llegado a vosotros» (Lc 11:17 – 20).

3. Segundo ciclo temático (3.1–4.6)

En los primeros versículos de este ciclo, Juan comienza con una declaración tajante: «Hijos de Dios». Ser hijos es producto de conocerle, es decir de estar en relación y comunión con él. Por eso somos completamente ajenos para el mundo, puesto que el mundo no le conoce a él: «El mundo no nos conoce, porque no lo conoció a él» (v.1). El mundo no le conoce simplemente porque «en él no hay pecado». Como el mundo opera a partir del pecado, no puede relacionarse con Dios. De aquí se desprende una importante implicación ética para el cristiano: «Todo aquel que permanece en él, no peca. Todo aquel que peca no lo ha visto ni lo ha conocido» (v.6). Juan no quiere decir que los cristianos ya han erradicado el pecado de sus vidas, ya que para eso tendríamos que erradicar primero la naturaleza pecaminosa. Lo que Juan está comunicando es que la práctica del pecado no es ya parte de nuestro vivir cristiano.

La implicación de ser hijos de Dios es que vivimos con un código ético divino, donde el pecado ya no tiene lugar, ya que «él apareció para quitar nuestros pecados» (v.5). En ningún momento se quiere decir que la naturaleza pecadora haya sido erradicada de nuestro ser. La expresión «no peca» debe entenderse a la luz del versículo nueve que dice: «Todo aquel que es nacido de Dios no practica el pecado». Practicar el pecado es vivir insistentemente en el pecado; en otras palabras, que pecar sea el estado de vida normal y no lo excepcional o lo extraño en ella. Pero en todo caso, el autor apunta a una ética superior imposible sin la ayuda del Espíritu Santo. Por eso necesitamos la unción del Espíritu Santo. Esto quiere decir que necesitamos en nuestras vidas la autoridad delegada por Dios.

Todo este planteamiento teológico es la forma en que Juan muestra la imposibilidad de reconciliar el bien y el mal, el mundo y el Espíritu Santo, la muerte y la vida, la verdad y el engaño, etc. Después de establecer esa verdad se mueve a decir que el pecado es del diablo, y Cristo vino a «deshacer las obras del diablo» (v.8). Esto quiere decir que no sólo no se pueden reconciliar, sino que se excluyen y se oponen mutuamente. El pecado es una fuerza activa en contra del bien. Ahora bien, para Juan el bien se manifiesta o encarna sólo en la realidad del amor divino. El amor es el único bien posible. Juan sabe bien que Dios es amor. Por eso tiene una visión elevada y radical de la experiencia de amar.

En conclusión, toda esta edificación teológica que despliega el autor tiene por objetivo desenmascarar al mal, es decir, darle a la iglesia los criterios para establecer quién es quién. Por eso llega a este punto culminante de su discurso: «En esto se manifiestan los hijos de Dios y los hijos del diablo: Todo aquel que no hace justicia y que no ama a su hermano, no es de Dios» (v.10). Según Juan, estas son las dos acciones que deben mostrarnos si una persona es hija de Dios o del diablo: la justicia y el amor. Ni la justicia ni el amor pueden atribuirse a la disciplina propia, a la rigurosidad de la vida religiosa o al ascetismo (vida de piedad lograda por medio de disciplinas espirituales rigurosas), sino sólo al Espíritu (la unción del Santo). Sólo él puede producir en nosotros ese fruto divino. El mundo hace producir las obras del diablo en sus hijos, y el Espíritu Santo, las obras de Cristo en los hijos de Dios.

Juan lo lleva del aspecto teórico a lo más práctico, donde se puede resumir todo en justicia y amor. En la fe, Dios nos hace justos y cumplimos con él. En el amor, actuamos para con nuestros hermanos y cumplimos con ellos. Al final del capítulo tres, lo vuelve a resumir de la misma manera: «Y este es el mandamiento: que creamos en el nombre de su Hijo Jesucristo y nos amemos los unos a los otros como nos lo ha mandado» (v.23). No hay duda: la prueba infalible de que alguien es verdadero hijo de Dios es la fe y el amor—en otras palabras, justicia y amor, o también, creer y amar. Para afirmar esta idea, la epístola utiliza como ejemplo el caso de Caín y Abel. Quien no ama a su hermano es un «homicida»; y acota: «el que no ama a su hermano permanece en muerte» (v.14). Este es uno de los lugares donde se puede ver de manera nítida lo radical del evangelio que enseña la epístola. Cuando el autor dice: «El que no ama a su hermano permanece en muerte», esta declaración nos deja ver que el amor es al mismo tiempo la ausencia de lo malo y la presencia de lo bueno.

Con respecto al amor, Juan va todavía más allá, ya que aunque la fe puede ser pretendida o falsa, tal no es el caso del amor (ágape), pues este amor es «de hechos y en verdad». Juan entonces da el ejemplo de alguien que ve a otro pasar necesidad y no hace nada por remediarlo con sus propios bienes, y les pregunta a sus lectores: «¿cómo mora el amor de Dios en él?» (v.17). Quiere llevar a sus lectores a pensar que el amor se traduce en acciones concretas, en el plano de lo físico e histórico. Lo divino se encarna para amar. Es por eso que el autor decapita toda tendencia gnóstica al decir: «En esto hemos conocido el amor, en que él puso su vida por nosotros...» ¡Claro! Dios se encarna en Jesús para poder amarnos concretamente. Su cuerpo físico es mediación histórica de salvación, de tal manera que la historia misma es recuperada como lugar de salvación. Lo divino se ha hecho físico en plena historia humana. Pero no sólo eso, sino que ahora lo humano, lo que somos por naturaleza, se hace mediación divina porque se nos ha impuesto amar como hemos sido amados: «También nosotros debemos poner nuestras vidas por los hermanos» (v.16).

Al comenzar el cuarto capítulo, el autor les plantea a sus lectores el uso que le pueden dar a toda esa información valiosa que les ha dado. Los exhorta: «probad los espíritus»; es decir, probarlos para saber su procedencia y naturalmente su intención. Para esto tenemos dos criterios: la fe y el amor. Entonces, esta es la conclusión: que si alguien niega (lo contrario a tener fe) al Padre y al Hijo y no ama a su prójimo, el tal no procede de Dios pues no tiene su Espíritu. Juan lo acota de forma positiva: «En esto conoció el Espíritu de Dios: todo Espíritu que confiesa que Jesucristo ha venido en carne, es de Dios». ¿Por qué es tan importante que él haya venido en carne? Este énfasis no es sólo para rechazar o contrarrestar el dualismo de los grupos gnósticos que no aceptaban la realidad de la encarnación. Hay una razón de más peso. El asunto es así: si alguien pretende que en realidad Cristo no se ha encarnado (ha venido en carne), entonces nadie tomó nuestro lugar en la cruz. Se desplomaría todo el evangelio. La cruz es el acto más elevado del amor; es lo más puro, la revelación máxima del amor divino. Si alguien sostiene que Jesús no se encarnó, entonces tampoco murió; y de ser así, Dios entonces no nos amó como el evangelio dice y, desde luego, no hay esperanza alguna en creer en Cristo. El Espíritu del anticristo es todo aquello que se convierte en enemigo del evangelio o, como dice Pablo, «de la cruz». El anticristo como sistema organizado busca dejar sin esperanza alguna al ser humano. La actividad del sistema del mal media de formas muy diversas, pero siempre dejando sin esperanza al ser humano. El mundo termina por ser la negación de toda posibilidad de vida, se impone como la negación de la razón, la negación de la verdad, la negación de la esperanza y la negación de la vida, y por último quiere ser también la negación de Dios mismo. Es por eso que el mal se materializa por medio del pecado. El pecado es en sí mismo un acto ateo, ya que el pecado implica el ensimismamiento, es decir, olvidarse que los demás existen y vivir sólo para uno mismo. No sin razón, la forma más cercana de establecer el estado o condición de pecado es refiriéndose al egoísmo o a la egolatría. Tenemos entonces que el pecado es la autoafirmación, la autodivinización del ser humano. Al materializarse este principio egocéntrico, todo lo demás ha sido degradado para satisfacer el deseo de uno solo. Cada acto de pecado es ateísmo porque cada acto de pecado es en definitiva el establecerse uno por encima de todo lo demás.

El anticristo ya está en el mundo, afirma Juan. La acción de negar la divinidad de Cristo y el amor salvador de Dios es una oposición diabólica vigente desde el tiempo de los apóstoles. Lo importante es que Juan quiere que la iglesia salga afirmada y por eso les deja dicho esto: «Hijitos, vosotros sois de Dios y los habéis vencido, porque mayor es el que está en vosotros que el que está en el mundo» (v.4). Hemos vencido porque la victoria de la cruz es tan real como la encarnación, y por lo tanto la muerte y su imperio llamado «el mundo» ya no pueden apoderarse de nosotros los cristianos. No pueden apoderarse de los cristianos porque éstos están bajo una potestad distinta: han sido comprados por Jesucristo y han recibido en asociación con él aquello que se le ha imputado a Cristo: ser justos. Por eso el primer Adán fue culpable, mientras que el segundo Adán fue hallado justo. A quienes están «en Cristo» se les ha imputado el mismo veredicto.

4. Tercer ciclo temático (4.7–5.12)

Esta sección es crucial porque es la prolongación temática, ahora más cristalizada. Tanto es así, que Juan lleva las cosas a su máxima expresión al aseverar: «Dios es amor (ágape)». Aquí las cosas han pasado a un plano superior, pues lo que esto quiere decir es que el cristiano debe amar no sólo porque «el amor es de Dios» ni sólo porque «todo aquel que me ama es nacido de Dios y le conoce», sino además, y para no dejar duda, «porque Dios es amor». Así es; amamos porque Dios es por naturaleza amor y como él ha compartido su naturaleza con sus hijos e hijas, la expectativa es que nosotros hagamos lo mismo. Muchos padres de la iglesia se refirieron al Espíritu Santo como el amor, de tal manera que se hablaba del Padre, del Hijo y del amor. Los cristianos estamos llamados a amar por la simple razón de que el amor habita en nosotros.

El amor (ágape) que Dios ha puesto en nosotros por su Espíritu tiene una operación espontánea.

Lo otro igualmente importante es que Juan—y esto parece ser común para los autores del Nuevo Testamento—ve en la cruz el epicentro de la fe, de la historia humana y del amor divino. El amor de la cruz es, de acuerdo a Juan, la prueba más fehaciente del amor de Dios. No es sólo el hecho de que él sea Creador sino que es re-creador en la cruz y esto es sin duda lo que mejor muestra el corazón de Dios. Sin el evento de la cruz, es decir, sin el «amor crucis», Dios sería para la teología una lista monumental de atributos. Pero no: el logos creador es el Dios crucificado por amor a los seres creados. De aquí también se desprende otra importante prescripción ética del cristianismo.

Que Dios sea amor (ágape), es una de las verdades más contundentes de toda la Biblia. Raras veces la revelación escrita se ocupa de definir a Dios. En el Antiguo Testamento Dios se limita a describirse a sí mismo «Yo soy». Dios no puede ser definido. Como la mayoría de los nombres en el Antiguo Testamento contenían una definición y eran hasta un modo de control, Dios decide no tener nombre, para no poder ser definido, y simple y llanamente porque Dios no puede ser explicado ni controlado.

Por otro lado podemos decir que Dios también se define teológicamente como «Espíritu». Sabemos que Espíritu significa «aliento», y aunque podríamos hablar y escribir bibliotecas enteras sobre este tema nunca lo podríamos agotar. Por último, Juan define ahora a Dios como ágape, es decir, como un tipo de amor muy particular. En la Biblia, el amor divino se entiende como «ágape». Este es un tipo de amor que no consiste en desear al ser querido, como en el amor erótico, ni tampoco en una especie de amistad o de atracción, como en la «filía» que los filósofos sienten hacia la sabiduría—filo-sofía. El ágape es un amor que se entrega a sí mismo, que sólo busca el bien del amado. En el ágape no hay nada malo ni egoísta. Este amor deriva sólo de Dios y en él tiene su origen. Dentro de nuestra realidad humana no hay nada con lo cual lo podamos comparar. El ágape es foráneo a todos los amores que conocemos; no podemos definirlo. Escasamente podemos lograr decir que el ágape es una forma de amar incondicionalmente, que el ágape es una forma de amar sin esperar nada a cambio y que el ágape no está motivado por el objeto al que ama. Tal vez el intento más cercano a comprender la dinámica operativa del ágape es la reseña que Pablo hace en el capítulo trece de su primera carta a los corintios. Pero ni aun en esa cátedra magistral sobre el amor, el ágape llega a ser definido como esencia. Tenemos entonces que la declaración de Juan «Dios es amor», es una aseveración contundente que presupone la imposibilidad de definir el término.

Durante la Edad Media los teólogos conocidos como escolásticos, quienes habían privilegiado la razón como método para conocer a Dios, creyeron que al estar en capacidad de definir todos los atributos divinos, lograrían comprender la sustancia misma del Creador. Se esforzaron enormemente en demostrar racionalmente la existencia de Dios y en analizar con toda clase de pormenores las características divinas. Sin embargo, Dios sigue siendo un gran misterio, como si algo nos dijera que Dios no existe para ser definido sino para ser amado, como si su único lenguaje y medio de comunicación fuese el amor mismo. Aquella teología académica y especulativa de los escolásticos nunca pudo dar con una definición, ni siquiera cercana, de quién es Dios. Dios es inmensurable, inapresable; nunca se presta para ser objeto de nuestra curiosidad intelectual. Dios es simplemente como Juan lo dice: Amor.

Es muy importante destacar que Dios, precisamente por haber compartido su naturaleza con nosotros, nos pide amar al mismo nivel e intensidad. En otras palabras, Dios no altera la norma o expectativa de lo que debemos hacer. Dios quiere que amemos de la misma manera que Cristo nos enseñó, a saber, dando también nuestra propia vida por otros. Sin la cruz Dios sería una abstracción, una especie de Dios sin rostro, y además, el cristianismo sería un mero sofismo, una idea abstracta carente de implicaciones éticas.

Juan llega ahora a un momento culminante, tal vez los versículos diecinueve y veintiuno sean el epicentro de toda la obra, pues plasman todo su sentido: «Nosotros lo amamos a él porque él nos amó primero. Si alguno dice: "Yo amo a Dios", pero odia a su hermano, es mentiroso, pues el que no ama a su hermano a quien ha visto, ¿cómo puede amar a Dios a quien no ha visto?». «Y nosotros tenemos este mandamiento de él: El que ama a Dios, ame también a su hermano». Aquí se resumen asuntos vertebrales para el temario de esta carta. Como se ha dicho esta sección viene a ser como el eje central del mensaje. Juan nos expone el asunto en términos de reciprocidad: Amamos porque fuimos amados.

Debemos comenzar por decir que se nos señalan aquí varios principios. El primero es que nuestro amor es el reflejo del amor divino.

En nosotros no hay nada bueno excepto lo que él nos compartió por su Espíritu. Para decirlo de otra manera: si Dios no nos hubiese amado, jamás habríamos amado. Dios nos amó para que pudiéramos amar. Este texto nos habla de la doble dinámica que implica el amar. Juan deja claro que no se puede amar sólo a Dios y excluir a los semejantes. Al contrario, justo por encontrarnos con Dios y debido a que le amamos, estamos indisolublemente ligados con nuestro prójimo. Amar desde la perspectiva cristiana es un asunto de doble vía. El amor cristiano siempre implica reciprocidad.

En segundo lugar, Juan aborda el asunto de la exterioridad, es decir, de a quién tenemos que amar. Lo que podemos ver es aquello que pertenece al orden de la materia. Lo que sigue resultaría ilógico para los gnósticos, quienes pensaban que lo material era siempre despreciable. En esta epístola lo físico se recupera como objeto de amor. Juan deja claro que el cristianismo no es un asunto de decir sino de hacer; es mucho más que la mera suscripción a un credo o creencia; es más que asentir con una doctrina. El cristianismo es en definitiva la práctica del amor ágape. Juan le permite al cristianismo de todas las épocas recapitular, autoevaluarse y reorientarse. De no ser el cristianismo una experiencia vívida, lo condenamos a ser nuevamente una religión.

San Agustín, padre de la iglesia que murió en el quinto siglo (430 d.C.), solía decir que Dios está más cerca de nosotros que nosotros mismos. El ser humano tiene una gran obsesión por descubrir lo de afuera, la vía láctea, las galaxias, la estratosfera; pero no se conoce a sí mismo por dentro. De esta misma manera el ser humano religioso busca a Dios en las experiencias sobrenaturales que están fuera de su alcance cotidiano, y pasa por encima de la simpleza y del milagro que significa amar. El amor doméstico y cotidiano es el milagro más portentoso, la manifestación más refulgente del Creador.

Un tercer asunto de igual importancia que descolla al inicio del capítulo cinco es lo que sigue: «Este es el amor a Dios; que guardemos sus mandamientos» (v.3). No se puede amar abstractamente, como los que dicen: «para amar sólo tienes que dejarte guiar por tu corazón». En realidad sólo debemos dejarnos guiar por la palabra de Dios, donde se encuentra la voluntad concreta de Dios para nuestra vida. Si obedecemos podemos amar, porque el Espíritu que nos lleva a amar es el mismo que inspiró a las Escrituras. Todo los mandamientos se resumen en amar, por la sencilla razón de que el Espíritu Santo es la ley de Dios ya cumplida; es a saber, el amor activo. De nuevo, los mandamientos no permiten que el amor se convierta en abstracción, en filosofía elevada, o en evaporada piedad religiosa. Amar es la acción intencional y consciente de hacer bien a alguien como resultado de nuestra experiencia con Dios. No podemos amar sin creer en Dios, sin negarnos a nosotros mismos y sin entregarnos por los demás. Amar siempre nos va a exigir salir de nosotros mismos y abrirnos a los demás.

La manera como el apóstol desarrolla el tema nos deja ver no sólo la centralidad del amor en la experiencia de fe, sino también que la experiencia de amar es al mismo tiempo el antídoto o la protección contra la tentación, el mundo y el diablo. En otras palabras, quien se complace en lo de arriba no se siente atraído por lo de abajo. Quien invierte toda su concentración en lo bueno no tendrá tiempo para lo malo. De esta manera el amor ha llegado a ser ataque y defensa para el cristiano. Con toda razón se nos exhorta a vencer el mal haciendo el bien. El amor es lo único que nos defiende al mismo tiempo que destruye el mal.

5. Conclusión: Las certezas de los cristianos (5.13-21)

Juan no puede finalizar la carta sin antes afirmar en la fe a sus hermanos. La intención es siempre motivar al pueblo de Dios en cuanto a la situación de vida presente. En este momento particular de la vida de estas comunidades, se hacía necesario oír de las certezas divinas.

El autor deja claro que la vida eterna ya está asegurada en la persona del Hijo. Por eso «el que tiene al Hijo tiene la vida». Y luego dice: «estas cosas os he escrito...para que sepáis que tenéis la vida eterna...» (v.13). Esto es significativo porque los gnósticos tenían problemas con creer y conocer a una persona. Juan enfatiza que Cristo lo es todo para la fe, que no puede haber Dios sin conocer a Cristo, ni verdad sin tenerlo, y tampoco vida eterna. Desde el punto de vista de la teoría de conocimiento que manejaban los gnósticos, este discurso ha marcado las líneas divisorias e irreconciliables. No deja posibilidad alguna para entremezclar el cristianismo con el gnosticismo. El trabajo teológico que desarrolla es una verdadera obra de arte, donde cada detalle es meticulosamente cuidado. Después de leer esta carta nadie puede tener dudas de la gran diferencia entre la fe cristiana y la filosofía gnóstica.

En los versículos dieciséis y diecisiete del capítulo cinco, Juan nos introduce al asunto del «pecado de muerte». Es muy probable que la intención principal haya sido motivar a los hermanos de aquellas comunidades de fe a buscar aquellos otros que se habían extraviado siguiendo las ideas gnósticas y docéticas. Pero ayudar a los confundidos a volverse del gnosticismo a la fe verdadera era algunas veces un asunto complicado. Aparentemente lo que comenzó por un pequeño extravío o confusión terminaba por ser un insistente apego a doctrinas heréticas. Esto hasta tal punto que en algunos casos llegaron a volverse a la idolatría, que era culto satánico. Fueron de las verdades de Dios a las profundidades del diablo. Tal vez por eso, en el último versículo, la carta cierra: «Hijitos, guardaos de los ídolos. Amén».

Lo que este texto nos permite entender en torno a este «pecado de muerte», es que no es un pecado común de omisión o cometido por ignorancia (cf. Hch 3.17; 1 Co 2.8), sino pecados cometidos en contra de la verdad a pesar de saberla, como pasó con el diablo. Un texto paralelo lo vemos en Mateo 12.32, cuando menciona el caso de la blasfemia contra el Espíritu Santo. El contexto de la epístola de Juan podría darnos a entender que se trataba de un pecado de muerte por ir más allá de la herejía involuntaria y pasar al culto a Satanás. Los cultos satánicos eran comunes en la antigüedad y no debería extrañarnos que alguien que comenzara por negar la divinidad de Jesús terminara luego afirmando la divinidad de Satanás. El caso es tan extremo, que Juan les dice a sus lectores que no deben orar por los tales. Y dice además esto en el contexto inmediato: «aquel que fue engendrado por Dios...el maligno no le toca». Y luego: «...el mundo entero está bajo el maligno» (v.19). El pecar deliberadamente y con inteligencia diabólica es imperdonable, como el pecado mismo de Satanás y sus legiones es imperdonable. Es importante destacar la promesa bíblica que Juan menciona en esta sección al decir: «Aquel que fue engendrado por Dios el maligno no le toca». En teología bíblica la palabra «engendrar» es más que crear—por ejemplo, Cristo fue «engendrado» por el Padre mas no creado por él. Engendrar en el caso de Dios implica compartir su naturaleza. El Padre nos dio su Espíritu. De esta manera le pertenecemos de manera doble: como criaturas y como hijos. Es por eso, por ser hijos, que el maligno no nos puede tocar.

Juan no podía despedirse sin apuntalar una vez más algo vertebral: «...estamos en el verdadero, en su Hijo Jesucristo. Este es el verdadero

Dios y la vida eterna». De manera nítida y sin ambages, Juan describe a Jesucristo como Dios y vida eterna, es decir, supremo bien. Está claro que el gnosticismo no puede tener relación alguna con el cristianismo porque Jesucristo es el Dios encarnado. Juan entendió con lucidez la importancia de sostener y enfatizar la encarnación de Jesús. Por eso enfatiza un extremo al hablar del logos eterno y luego enfatiza el otro extremo al hablar del Dios-hombre.

Nos resulta bastante curioso la manera abrupta como termina esta carta: «Hijitos, guardaos de los ídolos. Amén» (1 Jn 5.21). Esto nos hace recordar las célebres películas del cineasta Alfred Hitchcock , quien solía terminar sus películas de una forma siempre inesperada. Los ídolos en el sentido que se desprende del original griego tienen que ver siempre con entidades irreales. Esto quiere decir que detrás de cada ídolo hay una falsedad. Es muy interesante que Juan termine su carta de esta manera. Ha discurrido sobre el Dios real, sobre el verdadero conocimiento y sobre la verdad, y guarda para lo último el espinoso tema de los ídolos. Esto es una forma de remarcar la peligrosidad de los mismos. Hay una tendencia innata en el ser humano de crear ídolos. Los ídolos son una proyección egolátrica de lo que la persona anhela ser. Los ídolos eran comunes a la idiosincrasia grecorromana. La idolatría era desbordante en todas las latitudes donde llegaba el Imperio. Las primeras iglesias cristianas estaban viviendo inmersas dentro de la sociedad pagana y se hacía casi inevitable tener que hacer hacerle frente al acoso permanente de las prácticas idolátricas. Juan dice sin embargo: «cuídense de los ídolos». Esto quiere decir que aunque no podamos evitarlos, tenemos la responsabilidad de no sucumbir al culto que se les ofrece.

Segunda epístola de Juan

Introducción

La segunda carta de Juan tiene obvias diferencias con la primera, no sólo por ser muy corta, sino también porque a diferencia de la primera, aquí el autor se presenta como «el anciano». La carta sí mantiene una línea de pensamiento conectada con la carta anterior. Todavía se mantiene la tensión entre los dos temas principales de la primera carta. Cabe la posibilidad de que fuese una correspondencia para darle seguimiento a las ideas compartidas en aquella otra ocasión. Se mantiene también una fresca y calurosa relación entre el autor y la audiencia.

La segunda carta de Juan es, aunque breve, interesante. Pareciera una síntesis de una novela. En realidad la carta muestra un aspecto biográfico interesante. En esta carta el autor nos muestra su gran sentido de amistad y de cercanía con la gente a la que servía.

El anciano

En esta segunda carta el autor se presenta como el «Anciano», lo cual no es en sí mismo inusual, especialmente entre círculos de extracción judía. Como recordamos «anciano» era el título que se le daba a quienes regentaban, quienes ocupaban la función de juzgar y asesorar. Un anciano era alguien con abundante experiencia y sabiduría. En realidad no se trata únicamente de una referencia a la edad del autor, sino de una manera respetuosa de referirse a sí mismo, muy probablemente usando un título que le había sido otorgado previamente por la comunidad a la que ahora escribía. Muchos eruditos hoy piensan que este «anciano» es una persona diferente al autor de la primera carta.

También debemos recordar compenetración del autor con su audiencia, donde por supuesto las formalidades no tenían lugar—o quizá a que la «carta» era en realidad un sermón. Es muy probable entonces que el título «anciano» fuese una especie de sobrenombre generalmente conocido. Por último, la otra posibilidad es que estemos dándole un sentido incorrecto a la palabra «presbítero», como se presenta en el griego. La palabra «presbítero» describía no sólo un oficio sino que también un rango. De hecho, esa palabra era utilizada por los romanos dentro de las jerarquías militares del imperio. De ser así el título que Juan utiliza era una manera de describir su función de pastor a cargo de una iglesia o de las iglesias en una zona. Además, Pedro también toma para sí ese título (1 P. 5.1). También en el Apocalipsis se mencionan los ancianos como categoría referente a personas que tienen un rol de autoridad y responsabilidad sobre otros.

Contenido y propósito

Uno de los problemas fundamentales que tenemos con esta carta y naturalmente con su contenido y propósito, tiene que ver con el hecho de que no está claro a quién está dirigida. No se sabe si Juan utilizó una figura literaria para referirse a una iglesia—o a la iglesia toda—bajo el nombre de «señora elegida», o si se trata de una persona específica. En lo personal pienso que era una carta dirigida a una iglesia con la cual el autor estaba relacionado.

En todo caso el contenido de la carta es breve y no nos da a pensar otra cosa que fue escrita por la misma mente que escribió la primera. Incluso el temario es muy semejante. En lo tocante al propósito, como en el caso de la primera carta, se persigue advertir a los hermanos y hermanas sobre la presencia de los falsos maestros o «engañadores». La misma preocupación se vuelve a reflejar en estas cortas líneas. No tenemos la menor duda después de leer estas dos cartas, que a su autor le toca pastorear en un tiempo muy convulsionado. A los ataques que provenían de los llamados «engañadores», se le suma ahora el problema de liderazgo interno.

Toda la temática desarrollada por Juan en sus cartas en relación con los asuntos cristológicos, especialmente lo que tiene que ver con la divinidad del Señor, serán el anticipo de largas y muy controvertidas disputas que tendrán lugar al interior de la iglesia antigua. Durante los próximos siglos (del segundo hasta el quinto), se sucedieron una interminable serie de disputas teológicas para aclarar las posiciones que la iglesia consideraba ortodoxas. El concilio de Nicea (325 d.C.), buscó ponerle fin a este asunto, algo que ya había sido intentado por la elaboración de un credo (las primeras versiones de lo que hoy llamamos «Credo de los apóstoles»), y la celosa aceptación de un canon o libros sagrados del Nuevo Testamento. Las corrientes que emergieron posteriormente fueron tan numerosas como fatídicas para la teología y la vida de la iglesia, y esto sin mencionar las controversias que libraron los llamados padres apologistas (Arístides, Justino Mártir, Taciano, Atenágoras, Teófilo, Melitón, etc.). Estas controversias fueron libradas contra los filósofos griegos y otros que atacaban el cristianismo. Todavía en los concilios ecuménicos de la iglesia en Constantinopla (381 d.C.), en Efeso (431 d.C.) y en Calcedonia (451 d.C.), el tema cristológico seguía siendo controversial. Lo que comenzó como un extravío doctrinal por causa de la influencia gnóstica (docética), luego fue escalando en muchos otros pensamientos que dieron origen a otras tendencias declaradas heréticas tales como: el monarquianismo (adopcionismo), el sebenialismo (patripasionismo), el arrianismo, el marcionismo, el semiarrianismo (eusebianismo), el apolinarismo, el nestorianismo y el eutiquianismo, entre otras. Pero gracias a este trabajo de Juan en sus dos primeras epístolas, se logró ensamblar un marco doctrinal operativo muy determinante en la futura configuración de la doctrina cristiana. Tanto la doctrina trinitaria como cristológica de Juan son una de las plataformas teológicas más elaboradas de toda la Escritura.

Es importante saber que a pesar de los esfuerzos realizados por los escritores del Nuevo Testamento y varios de los antiguos escritores cristianos, y aún después de la actividad conciliar de la iglesia, muchas categorías de pensamiento griego lograron penetrar la teología cristiana y hasta tergiversarla. No sólo eso, sino que todavía el día de hoy algunas de estas ideas salen al paso entremezcladas con el pensamiento bíblicoteológico. No es por lo tanto casualidad que algunas de esas ideas antiguas a las que el cristianismo primitivo tuvo que enfrentarse, hayan resurgido reeditadas en nuestro tiempo. La mayor parte de ese resurgimiento de ideas desviadas y entrelazadas con la teología cristiana, se pueden ver en muchas sectas «cristianas» en el día de hoy.

Para orientar nuestra comprensión de esta carta sugerimos el siguiente bosquejo:

1. Saludo (1-3)
2. Cuerpo de la carta: la doctrina de Cristo (4-11)
3. Despedida (12-13)

Comentario

1. Saludo (1-3)

Como ya mencionamos en la introducción, no está claro a quién se dirige la carta; lo más probable es que se trate de una iglesia y que el sobrenombre sea un asunto común para la época. La salutación es típica y algo formal. Desde el comienzo se ve el trazo de su vocabulario teológico predilecto y su pensamiento en forma de espiral. La frase «y a sus hijos a quienes yo amo» señala la relación profunda que existe entre el autor y sus lectores. Pero tal vez lo más llamativo sea el hecho de que Juan utiliza cuatro veces la palabra «verdad», entre las pocas palabras de su introducción. Esto por sí mismo revela la intención que subyace en su argumentación, es decir, un deseo ferviente de defender la fe en Cristo. Para Juan la verdad no es un concepto intelectual (credenda teórica), no es afinidad intelectual con una idea que ha probado ser veraz. Para Juan, Cristo, una persona, es toda la verdad que puede existir. En Juan la verdad es una persona: Cristo.

Aquí el autor lanza sentencias sobre la persona de Jesús que son verdaderamente distintivas. No habla por medio de señales de humo ni por señas ni por ademanes. Dice exactamente lo que quiere decir. Aquí no hay códigos velados ni medias tintas. El lenguaje es firme, palmario y directo.

2. Cuerpo de la carta: La doctrina de Cristo (4-11)

En esta sección central de la carta se destacan categorías usuales en el discurso teológico tanto de estas cartas como del Cuarto Evangelio:

«la verdad», «el principio», «un nuevo mandamiento», «el amor», «ha venido en carne», «el anticristo», etc. Además, sigue contrastando el amor al engaño del mundo, del pecado, del anticristo y del diablo. Esto es supremamente importante: que lo verdadero sólo es el amor; que la verdad sólo puede conocerse como resultado del encuentro o relación con Dios, quien es ágape. Juan ha logrado por medio de su discurso teológico reconceptualizar la verdad; se la arrebata al selecto mundo de las ideas y establece a Cristo como única verdad, y por lo tanto, como única manera certera de conocer por medio de él a Dios. Pudiéramos decir que Juan es el teólogo de la verdad.

Cuando decimos que Juan es el teólogo de la verdad, hacemos referencia al hecho de que ninguno de entre los escritores bíblicos está tan interesado como él en llevar hasta las últimas consecuencias el asunto de la verdad. Podríamos decir que Juan es un verdadero artesano de la verdad y su más grande apologista.

Juan vuelve a insistir en el asunto del mandamiento que no es nuevo, sino que era desde el principio: «que nos amemos unos a otros» (v.5). Pero como en el caso anterior, orienta la argumentación hacia el mismo sitio, es decir, hacia la persona de Cristo y la Palabra. Una vez más, no deja nada a la imaginación y concluye como ya es usual en él: «Y este es el amor: que andemos según sus mandamientos. Este es el mandamiento: que andéis en amor...» (v.6). El verbo «andar» designa la acción de hacer algo con constancia, de hacer algo permanentemente. Andar según sus mandamientos y andar en amor, se refiere a acciones sostenidas, en las que la presencia divina se manifiesta. No se trata de amar esporádicamente, sino de amar con la debida constancia. Esto es algo que sólo el Espíritu Santo puede hacer en nosotros.

Si la verdad es un concepto o una idea, sólo puede ser explicada con el uso lógico de otro concepto o idea. Pero en realidad la verdad es una persona y sólo se puede probar su veracidad haciendo lo mismo que esa persona hace. El proceso a través del cual aprendemos a hacer lo que Cristo hace, lo hemos llamado tradicionalmente el discipulado. En ese discipulado, nuestro carácter y nuestra personalidad toda busca ser transformada por el Espíritu en la semejanza de Cristo. Para ser más exactos, el discipulado es el proceso a través del cual aprendemos a amar. Es en esto en lo que desemboca una genuina experiencia de fe. El ser como él es no puede lograrse de otra manera que amando como él amó.

Ahora bien, como la naturaleza de Dios mismo es amor, la verdad se debe entonces encarnar en acciones concretas. Esa es la única manera de entender lo que son «sus mandamientos». Los mandamientos son, en resumidas cuentas, la voluntad expresa de Dios, las formas en que Dios actúa concretamente. De manera casi imperceptible, Juan ha llevado a su audiencia a entender que la única conducta cristiana aceptable es la de hacer exactamente lo que Dios hace. Dios es amor y nos ama; al cristiano no se le pide hacer nada menos que eso. Si Dios nos pidiera hacer algo inferior a lo que él mismo hace, no nos estaría preparando para ser como él es. Tampoco necesitaríamos la ayuda del Espíritu Ssanto para hacer algo que pudiéramos hacer por nuestro propio empeño y disciplina. El hecho de que Dios nos exige amar y nos da a su Espíritu Santo, significa que la expectativa que Dios tiene de nosotros está ubicada en el plano sobrenatural, y aún más, en el plano divino.

Juan logra desbaratar los sistemas filosóficos del platonismo y del gnosticismo, porque el ágape no es un actuar lógico; es decir, no es una acción prediciblemente humana, sino divina. En otras palabras, el ágape no es un concepto apresable o inteligible, sino una realidad divina a la que no se puede tener acceso sin estar en encuentro, contacto o comunión con Dios. Para comportarnos bajo la expectativa del amor ágape, necesitamos al Espíritu Santo.

En el versículo siete se introduce de nuevo el contratema, es decir, lo que tiene que ver con la desviación doctrinal. Juan advierte: «muchos engañadores han salido...» y luego dice: «el engañador y el anticristo». Todo esto lo lleva a una conclusión de importancia cuando dice: «Cualquiera que se extravía y no persevera en la doctrina de Cristo, no tiene a Dios; el que persevera en la doctrina de Cristo, ese sí tiene al Padre y al hijo» (v.9). La doctrina de Cristo es no sólo la aceptación del mandamiento de amar. También tiene que ver con confesar «que Jesucristo ha venido en carne». En otras palabras esto quiere decir que cualquiera que niegue la divinidad de Cristo es utilizado abiertamente como instrumento del mal. Por lo que dice más abajo se puede deducir que lo doctrinal es la base de la unidad: «si alguno viene a nosotros y no trae esta doctrina, no lo recibáis en casa ni le digáis: "Bienvenido"» (v.10). Es un asunto delicado ya que quien no puede sostener esta «doctrina de Cristo» se opone a Cristo. La doctrina de Cristo puede ser otra forma de compendiar aquellas enseñanzas que para la iglesia primitiva constituyeron los asuntos más vertebrales de su fe y por lo tanto, los no negociables.

Esta es la primera vez que se utiliza en el texto bíblico la expresión «doctrina de Cristo». La forma muy particular en que Juan acuña esta expresión nos resulta muy reveladora, pues Juan la utiliza en el contexto de rebatir doctrinas desviadas que tienen oscura procedencia.

Ahora bien, Pablo utilizó una expresión parecida a la de Juan al escribirle a los Gálatas: «la ley de Cristo» (Gl 6.2). En este punto Juan parece estar destacando el contenido de lo que se acepta como verdadero. Esto quiere decir que la verdad definida como una realidad para la práctica, también tiene un aspecto teórico importante. En aras del amor no podemos abrazar cualquier tipo de creencia sobre Dios.

Los enemigos de la encarnación no solo son gente confundida o con otra opinión, sino que son engañadores y anticristos. Operan conforme al mundo y las tinieblas; no tienen comunión con Cristo. Perseverar es una prueba importante. Quienes no perseveran no son de Dios. Los que no perseveran en la verdad (la Palabra, el mandamiento, la doctrina de Cristo) no tienen al Espíritu Santo. La razón es muy clara: el Espíritu de Dios siempre nos lleva a la verdad. Esto significa que mientras el Espíritu Santo esté en nosotros nos llevará incesantemente delante del Padre y del Hijo. Un tema semejante aparece en la carta de Pablo a los Romanos (Ro 8.26 – 27).

3. Despedida (12-13)

No estamos seguros de la edad del autor al momento de escribir esta carta. Parece haber sido algo mayor; y sin embargo, entre sus planes estaba el poder visitarlos. Esto podría confirmar el hecho de que se trata de iglesias de la región de Asia Menor, cercanas por supuesto a Efeso, desde donde se cree se escribió esta carta. Por otro lado, esto también nos dice algo del estado físico del autor y de su estado anímico: físico porque en sus planes se encuentra este viaje, que para la época implica cierta complejidad; y anímico porque expresa que: «Espero ir a vosotros y hablar cara a cara para que nuestro gozo sea completo» (v.12). No cabe la menor duda que era gente entrañable para el corazón de Juan y a quienes deseaba ver con gran insistencia.

El último versículo de la carta nos permite volver a ver de cerca el asunto de si la misiva va dirigida a una hermana o a una congregación.

En este último versículo deja ver con más claridad que se trata de una congregación local, muy bien conocida para él. La frase «los hijos de tu hermana...te saludan...» es una referencia a la iglesia donde el autor está y que le envía saludos a la iglesia receptora. De ser así, el lenguaje utilizado es muy familiar y revelador del nivel profundo de las relaciones interpersonales entre los creyentes. Podríamos verlo como una muestra nítida donde se modela todo lo que las cartas de Juan enfatizan.

Es muy probable que por la cercanía geográfica y por el hecho de que estas iglesias compartían un liderazgo común, habían logrado fraguar un nivel de hermandad bastante notorio. Recordemos en que para el tiempo en que esta carta se escribe, la iglesia todavía no había pasado por sus posteriores procesos de institucionalización y tampoco existía fragmentada en cuerpos denominacionales. La iglesia era una sola, apostólica y cristiana. Las cartas de Juan pueden ser un testimonio valioso para reseñar ese genuino espíritu que llegó a ser una marca que descollaba y que servía de carta de presentación del cristianismo antiguo.

Tercera epístola de Juan

Introducción

En esta tercera y última epístola se puede ver que se trata de la misma persona que escribe. Ese tono fraternal y ese profundo sentido pastoral son claramente inconfundibles. El autor vuelve a presentarse como «el anciano», lo cual coincide con la anterior carta. Sólo que en ésta sí sabemos por primera vez el destinatario específico: Gayo. De Gayo no sabemos otra cosa, pero debió ser un colaborador muy cercano al autor.

Hay un tal Gayo mencionado en dos ocasiones en las cartas del apóstol Pablo (1 Co 1.14 y en Ro 16.23). Por el contexto se puede entender que en la casa de Gayo se reunía una iglesia cristiana con la cual Pablo se relacionaba. Pero éste era un nombre muy común en la antigüedad. También resulta interesante que en una información proveniente de la tradición antigua se dice que el apóstol Juan nombró a un cierto Gayo como obispo sobre la iglesia de Pérgamo y que es a él a quien se dirige la carta mencionada en el Apocalipsis 2.12. Lo que no sabemos es si se trata de la misma persona. Pero lo que sí sabemos con seguridad es que tanto el uno como el otro son hombres comprometidos con el desarrollo de la obra de Cristo. En realidad, no sería nada inusual que se tratase del mismo Gayo. Recordemos que Silvano y Juan Marcos, quienes antes habían colaborado con el ministerio del apóstol Pablo, luego aparecen colaborando con el apóstol Pedro. De igual manera pudo suceder con este Gayo. En todo caso, Gayo sirvió de puente entre el autor y la congregación.

Otro personaje envuelto en esta carta es Diótrefes, de quien sabemos por el nombre que es de origen gentil. Es probable que Diótrefes fuese pastor de una de las congregaciones o un líder prominente en la ciudad de Pérgamo. Esto podría explicar la razón de la carta de Juan, dirigida a Gayo. No sabemos los detalles del problema en torno a este líder de la iglesia. Ni siquiera se sabe si se trata de uno de los falsos maestros mencionados por Juan en su primera carta. Lo que sí sabemos por el texto es del estilo dictatorial del liderazgo que ejerce este tal Diótrefes, al punto de que ha logrado romper la comunicación entre la congregación y sus líderes.

Lo sucedido con Diótrefes nos pone en contacto con otro tipo de problemas al interior de la iglesia del primer siglo. En esta ocasión se trata de problemas de gobierno y de estilos de administración eclesiástica. Una posibilidad es que Diótrefes, ante la ausencia de un liderazgo maduro y la permanente asechanza de maestros inescrupulosos, se haya dedicado a formar una especie de protectorado para aquella iglesia. Pero aunque este no sea el caso, el tipo de problema que se toca en esta carta nos muestra la condición de las estructuras de gobierno de la iglesia hacia fines del primer siglo.

Contenido y propósito

Casi todos lo estudiosos ubican la carta entre el año 85 y 95 del primer siglo. Su contenido es breve y específico. En ella se abordan, a diferencia de la primeras dos cartas, asuntos prácticos de la pastoral, y no doctrinales.

Todo lo que sabemos en torno a esta carta nos dirige a creer que su propósito era abrir las puertas a nuevos líderes que se incorporaban al campo misionero. Ese parece haber sido el caso de Demetrio, quien por su nombre presumimos sea un hombre de extracción gentil. Se trata de una persona altamente recomendada y por el contexto entendemos que se trata de un misionero o ministro itinerante. El ministerio itinerante era de gran popularidad es este tiempo, por lo que no nos sorprendería en nada que tal fuera el caso de Demetrio.

El asunto aparentemente tenía que ver con el hecho de que estos misioneros o ministros itinerantes precisaban del hospedaje y colaboración de las iglesias, en este caso de las del Asia Menor. Pero ese líder dictatorial a quien hicimos referencia antes llamado Diótrefes no estaba colaborando con ellos ni les permitía a los otros miembros de la congregación hacerlo tampoco. A tal fin, Juan escribe a su amigo y hermano en la fe Gayo, para que éste se encargue de facilitarles el paso y la estadía a los misioneros: «Nosotros, pues, debemos acoger a tales personas, para que colaboremos con la verdad» (v.8). Juan usa su autoridad para ayudar a solucionar un asunto práctico que parece haber sido típico de aquellos primeros años de la iglesia. Debemos recordar que con el crecimiento numérico de la iglesia, también surgieron los típicos asuntos relacionados con la organización. Es digno de destacar el hecho de que a pesar de que el énfasis del pensamiento juanino es el amor (ágape), ni la doctrina (verdad) ni la forma (organización) pueden ser dejados atrás. Ambas forman parte de la vida y de la misión de la iglesia. Juan no está escribiendo en el vacío, sino de cara a congregaciones reales con problemas reales. Estos asuntos prácticos revisten tanta importancia como los otros.

Para facilitar la comprensión en el estudio de esta carta de Juan utilizaremos el siguiente bosquejo:

1. Saludo (1-4)
2. Elogio a la hospitalidad de Gayo (5-8)
3. El problema con Diótrefes (9-10)
4. Defensa del testimonio de Demetrio (11-12)
5. Despedida (13-15)

Comentario

1. Saludo (1-4)

No hay duda alguna de que Gayo es una persona de total confianza para Juan. Como dijimos en la introducción, no está claro si es el mismo individuo que colaboró con Pablo en su ministerio, o si se trata de otra persona. En mi opinión se trata de la misma persona. No olvidemos que Pablo trabajó arduamente en el Asia Menor y estuvo en ocasiones en la ciudad de Efeso. Pablo era bien conocido en esa región y es muy probable que hermanos de esa zona lo apoyaran en su intención de expandir el evangelio. Es muy posible pues que Gayo fuese uno de los discípulos y colaboradores de Pablo en su viaje misionero, y que a la llegada de Juan a la región le prestara sus servicios.

En el primer versículo el autor se refiere a Gayo como «a quien amo en la verdad». La expresión «la verdad», podría bien ser intercambiable o equivalente a «el camino de Cristo», «la vida cristiana» o «el cristianismo». Esta es la misma expresión que utiliza al final del versículo ocho. La verdad es el evangelio, el camino de la vida. Juan al final de esta salutación vuelve a utilizar esa misma expresión al decir: «No tengo mayor gozo que oír que mis hijos andan en la verdad» (v.4). Andar en la verdad es permanecer anclados en la fe en Jesucristo. Recordemos que el verbo «andar» implica en el original permanecer, crecer, seguir en la dirección correcta.

Es interesante ver que en el cristianismo no se tiene la verdad como quien tiene una posesión o un patrimonio. En el cristianismo se vive en la verdad, porque la verdad es lago dinámico y no un concepto memorizable que pueda ser emplazado por la llegada de otro. Estar en la verdad es una actividad dialógica, interactiva, dinámica y creciente.

La otra posibilidad al interpretar la frase es entender «la verdad» como referente a la persona de Cristo, ya que para Juan, Cristo es la verdad. Entonces diría así: «A quien amo en Cristo». Pero en todo caso, el asunto es que Gayo no sólo es un conocido de Juan, sino una persona muy cercana a sus sentimientos.

2. *Elogio a la hospitalidad de Gayo (5-8)*

Gayo, a quien ya describimos brevemente en la introducción y a quien Juan llamaba «amado», es ahora objeto de un gran elogio, un reconocimiento justo a su trabajo. Como puntualiza Juan, Gayo es conocido porque presta consecuentemente «servicio a los hermanos». Todo indica que hospedaba a los misioneros y ministros itinerantes, facilitando su movilidad en aquella región. Por eso las palabras de Juan hacia Gayo son de elogio. Pero en medio de aquel elogio le hace ver la necesidad de seguir colaborando con este trabajo: «Y harás bien en encaminarlos como es digno de su servicio a Dios, para que continúen su viaje» (v.6). Esta frase nos muestra que los primeros esfuerzos misioneros tuvieron que contar con una estructura precaria, para lo que se hacía imprescindible el apoyo logístico de las iglesias locales y de individuos que probablemente contaban con ciertos recursos materiales, como parece haber sido el caso de Gayo.

Necesitamos también tener en cuenta que los misioneros dependían de la ayuda que recibían de la iglesias locales y que por lo tanto, demorar o interrumpir esa ayuda se convertía en un obstáculo para su obra. Juan insiste con Gayo sabiendo de su buen testimonio y compromiso con la causa del reino. Incluso explica esta situación al decir: «Pues ellos salieron por amor del nombre de él sin aceptar nada de los gentiles». Esto muestra que quienes se dedicaban a este trabajo en particular necesitaban de la ayuda de las iglesias. Sabemos por otros textos que la ayuda que se demandaba de las iglesias era en ocasiones indispensable para la expansión misionera.

La aclaratoria que hace Juan al decir «pues ellos salieron por amor del nombre de él, sin aceptar nada de los gentiles», debe ser analizada debidamente. En primer lugar, el hecho de que se destaca el grupo étnico nos hace pensar que los misioneros en cuestión debieron ser de origen opuesto; es decir, judíos. El gesto de no tomar nada puede ser entendido como una manera clara de testimoniar su genuino ministerio entre ellos.

Esta aclaración es de mucha importancia porque lo que el autor puede estar haciendo entre líneas es destacar la condición moral y espiritual de quienes habían llegado a aquella congregación. Ya sabemos que muchos predicadores itinerantes lucraban de su predicación, y por eso Juan despeja las dudas sobre éstos en particular. En conclusión, podríamos decir que hubo en aquella época un uso y un abuso de las finanzas en el contexto de la iglesia, y que por lo tanto el no pedir directamente de aquellos a quienes se servía era una forma de despejar sospechas.

3. El problema con Diótrefes (9-10)

No está del todo claro la actitud tomada por Diótrefes en este caso. De primera vista lo que podemos notar es que la opinión que Juan tiene de esta persona es que: «le gusta tener el primer lugar entre ellos». Esto lo describe como una persona, aunque tal vez no perversa, sí con grandes problemas de personalidad. Parece tratarse de alguien que sobrepone sus deseos a los del grupo.

Por otro lado, también cabe la posibilidad de que la actitud de este líder llamado Diótrefes se debiese a los tantos abusos que sufrían las iglesias por aquellos días por parte de maestros inescrupulosos. Como se sabe, muchos charlatanes comenzaron a ganarse la vida, haciendo uso de las oportunidades que se les presentaban en las iglesias. Tales predicadores abusivos proliferaron en aquel tiempo y lograron que muchas iglesias ya no abrieran sus puertas ni quisieran colaborar más. Tal vez este tal Diótrefes es uno de esos líderes dictatoriales y también sobreprotector de su congregación, que se niega a ofrecer más ayuda a los tales misioneros y predicadores. Esto ayudaría a explicar en parte por qué Juan se ocupa de abogar por Demetrio y lo presenta como alguien de buen testimonio: «Todos dan buen testimonio de Demetrio...» (v.12).

La defensa que el apóstol hace de Demetrio se relaciona con los versículos seis al ocho. Demetrio es un ejemplo concreto de misionero honesto que Juan busca promover. Juan pasa de una referencia general a una persona particular.

4. Defensa del testimonio de Demetrio (11-12)

Como hemos señalado, Demetrio, en su condición de misionero o predicador itinerante, vio su ministerio limitado por el poco apoyo que recibió de ciertas iglesias, entre las que se encontraba la comunidad de Diótrefes. Lo que Juan está tratando de hacer es crear las condiciones para recuperar las fuentes que solían colaborar con este trabajo. No tenemos conocimiento de las cartas que Juan escribió a la iglesia. En todo caso lo que sabemos es que a muchas iglesias de aquella época se les hizo difícil colaborar y a otras se les enfrió el amor, por las malas experiencias que tuvieron con predicadores deshonestos.

5. Despedida (13-15)

En esta parte conclusiva de la carta debemos destacar la pastoral intensa del autor, quien infatigablemente sigue buscando acompañar a su gente. Por otro lado, en estas últimas líneas también se muestra que la teología y la pastoral son una y la misma cosa. Juan es el teólogo de la verdad y de la comunión; por eso no nos sorprende que hasta lo último su intención sea estar «cara a cara» (v.14) con los suyos. El cara a cara es al mismo tiempo la hora de la verdad y de la comunión. La esperanza que el autor tiene de verlos nos señala que ese fue su estilo de liderazgo; y por otro lado nos dice que a pesar de llamarse «anciano», aún tiene salud física como para viajar.

Es bastante probable que en la incipiente estructura eclesiástica de estas iglesias, los apóstoles y sus sucesores hayan adoptado la modalidad de visitar con cierta regularidad las iglesias que estaban bajo su jurisdicción. La visita que Juan planea hacer parece ser parte de sus funciones naturales.

La epístola de Judas

Introducción

Judas es el último en esta colección de escritos llamada «epístolas universales» del Nuevo Testamento. La fecha en que fue escrita es imprecisa. Parece pertenecer al fin de la era apostólica. En este asunto los eruditos bíblicos no tienen un consenso. Seguramente por causa de su parecido con la primera carta de Pedro, se le ubica en torno a las fechas correspondientes a esa otra carta. Es muy probable que fuese escrita un poco antes del ascenso al poder del hijo del Emperador Vespasiano, Tito (79-81 d.C.)— por cierto, Tito fue el general responsable de la destrucción del templo de Jerusalén en el 70 d.C.

Para muchos ésta es una carta olvidada, ya que muy pocas veces se cita o se utiliza en estudios bíblicos o sermones. Fuera de la bendición doxológica del versículo veinticuatro, hay pocos otros pasajes citados con frecuencia. Judas también se menciona cuando se estudia el asunto de los herejes (heterodoxos) en el tiempo del Nuevo Testamento. Judas los llama «pecadores impíos» y lanza contra ellos una lista larga de advertencias. Judas es uno de los autores bíblicos en confrontar con mayor severidad este problema. Sus palabras nos hacen acordarnos de los profetas del Antiguo Testamento.

Judas, el autor

No está claro cuál de los Judas del Nuevo Testamento es el autor de la carta. Algunos eruditos piensan que el nombre mismo es un seudónimo. El escritor se presenta como «hermano de Jacobo». Esto da a entender que si el escritor era uno de los discípulos de Jesús, el único con un hermano llamado Jacobo (Santiago) era Tadeo (Mt 10.3; Mr 3.18; Lc 6.16; Jn 14.22). Por el otro lado, tenemos a Jacobo, hermano de Jesús, quien algunos presumen fue el autor de la epístola de Santiago y líder prominente de la iglesia de Jerusalén. Este Jacobo tenía un hermano llamado Judas, quien también era hermano de Nuestro Señor (Mt 13.55). En base a esta descripción, los otros Judas no califican para ser considerados (Judas Iscariote, Judas el galileo).

Muchos estudiosos del Nuevo Testamento se inclinan por el segundo de los mencionados, básicamente por la mención que hace a Santiago (Jacobo), ya que el Jacobo apóstol no era tan conocido y respetado entre la cristiandad como lo era el hermano de Jesús. Así que Judas se pone bajo la sombra de su hermano, quien es uno de los pilares de la iglesia primitiva. Por otro lado también pudo presentarse como Judas el hermano de Jesús. Pero eso al parecer no fue la usanza, pues ni siquiera Santiago se hace llamar hermano de Jesús. Si se tratase de este Judas, su conversión fue posterior a la muerte y resurrección de Jesús. Fuera de eso se sabe muy poco de Judas. Si este Judas autor de la carta fuese el hermano de Jesús (y también de quien se presume escribió la carta de Santiago), tendríamos que atribuirle a la resurrección de Jesús un cambio radical en la vida de ambos Judas y Santiago. De hecho, tan temprano como en Hechos 1.14, Lucas nos asegura que se habían integrado completamente al grupo de los discípulos.

El presente escrito tuvo oposición para su inclusión en el Nuevo Testamento. El problema principal fue siempre el de su paternidad literaria y el parecido del texto con la primera carta de Pedro. El día de hoy, muchos estudiosos del Nuevo Testamento le atribuyen esta carta a un autor cristiano que utilizó un seudónimo. El uso de seudónimos fue bastante común en este tiempo, pero no hay manera de probar que ese fuera el caso.

Contenido y propósito

La similitud que encontramos en Judas con la primera carta de Pedro es llamativa. No sabemos si una deriva de la otra, o si tenían una fuente común que les influenciara por igual. Claro que no debemos descartar que esa fuente común sea la inspiración dada por un Espíritu común. En todo caso la semejanza es visible:

Judas	1 Pedro
2	1.2
3	1.5
5a	1.12
5b	2.1; 3.3
24	3.14

Propósito de la carta

No está del todo claro, pero se podría entender por el propio texto de Judas que tal vez el propósito original de la carta fue alterado para atender el asunto sobre los falsos maestros: «Amados, por el gran deseo que tenía de escribiros acerca de nuestra común salvación, me ha sido necesario escribiros para exhortaros a que contendáis ardientemente por la fe...» (v.3). Esto puede bien servirnos de referencia para entender que la situación con las desviaciones provocadas por estos falsos maestros era francamente difícil y se requería insistir en el asunto. La otra posibilidad es que no el propósito, sino el énfasis de la carta, fuese ajustado a la necesidad. La tercera posibilidad es que precisamente por la irrupción de esos eventos dentro de la iglesia, Judas lleva a cabo un deseo que había tenido desde mucho antes.

Por otro lado, lo que podemos notar es que, en el texto previamente citado, Judas tiene por propósito también unirse a quienes buscan construir un marco apologético para la fe cristiana en el primer siglo. Esto es claramente una característica constante en todas las epístolas universales. Estos apóstoles y líderes de la iglesia entienden que parte de su misión pastoral es proteger los rebaños (congregaciones) ante el intempestivo ataque de enseñanzas tóxicas para la fe de Cristo. Pareciera que el autor está consciente del problema y de lo que otros líderes han escrito como recomendación, y ahora quiere contribuir con su propia pluma.

Es casi seguro que esta breve carta haya sido escrita fuera de Palestina y dirigida a las comunidades de extracción judía que ahora vivían entre los gentiles. La tradición afirma que María la madre de Jesús vivió con Juan en la ciudad de Efeso, donde se encuentra su sepultura. No sabemos si Judas permaneció cerca de su madre después de la dispersión de los judíos. Como en el caso de muchos otros líderes, el Nuevo Testamento no nos provee de más información biográfica. Tampoco está clara la forma en que este líder prominente de la iglesia murió. Desconocemos si fue por vía del martirio o por muerte natural. Lo cierto es que este miembro de la primera generación de líderes cristianos es verdaderamente enigmático en lo que a su vida se refiere.

Judas, prototipo profético

La forma de escribir de Judas se caracteriza por una tenacidad y una osadía que bien emulan a los grandes profetas del Antiguo Testamento. Esa fuerza que Judas imprime en su trabajo literario parece ser reflejo no sólo de una personalidad aguerrida, combativa y apasionada, sino que también parece ser indicativo de una persona que tenía el don, el llamado y el ministerio profético. Claro está que no sabemos a ciencia cierta si tal fue el caso; pero si estamos seguros de que el texto es una prueba contundente de que su autor está férreamente persuadido por la verdad, intachable e intolerante con cualquier extravío doctrinal.

Es probable que el autor haya ejercido el ministerio de ser un doctor de la iglesia. Aunque poco se habla en el Nuevo Testamento del ministerio del doctor o maestro, la Epístola a los Efesios afirma que el Señor estableció también este ministerio en particular: «Y él mismo constituyó a unos, apóstoles; a otros profetas; a otros evangelistas; a otros, pastores y maestros...» (Ef 4.11). En todo caso Judas como profeta o como maestro está resuelto a preservar sin tacha la enseñanza de Jesucristo.

Para los efectos de nuestro estudio utilizaremos el siguiente bosquejo de la carta:

1. Saludo (1-2)
2. Sobre los falsos maestros (3-16)
3. Exhortaciones finales a la iglesia (17-23)
4. Doxología (24)

Comentario

1. Saludo (1-2)

En esta breve introducción, Judas no apela al hecho de ser apóstol, lo cual es bastante común en los escritos del Nuevo Testamento. Como veremos pueden haber existido otras razones de mayor peso para que el escritor de esta carta no se presente como apóstol. Una razón probable es que no lo era. Lo que esto quiere decir es que el Judas que firma la carta no es uno de los dos Judas que fueron discípulos de Jesucristo.

En este saludo se omite mencionar a los destinatarios de la carta. Debido a esto es difícil saber a quiénes se dirige. Aunque no estamos seguros de una iglesia como destinatario en particular, por lo menos en el sentido general sabemos que se dirige a los cristianos a quienes llama: «llamados, santificados y guardados» (v. 1). Como en el caso de las cartas escritas por el apóstol Juan, la cercanía entre el autor y las iglesias receptoras de la carta debió ser estrecha. Tal vez esto lo llevó a pasar por alto la formalidad típica de un texto tan importante. Por otra parte, esta falta de mención de los destinatarios lleva a algunos eruditos a pensar que, más bien que una carta, este texto era un sermón.

Es muy probable, al igual que en el caso de otras cartas, que ésta se haya dirigido a una o varias comunidades de fe que estaban en relación con el autor, y que por lo tanto, no se precisaba ninguna información adicional. Posible también es el hecho de que en conocimiento de la urgencia y brevedad de sus líneas, el autor haya decidido dejar esos asuntos a un lado. Desde el punto de vista teológico, en estos primeros versículos se deja entrever el desarrollo de una doctrina sobre la Trinidad. No es casualidad que cada vez que surgen problemas relacionados con herejías o desviaciones doctrinales, los autores bíblicos busquen apuntalar la doctrina sobre la Trinidad. De alguna manera se podría decir que el remedio medicado por los autores bíblicos a las desviaciones y confusiones teológicas es la comprensión y aceptación de esta doctrina.

La doctrina bíblica de la Trinidad se podría considerar omnipresente en todo el texto del Antiguo Testamento, pero sin duda es de gran relieve en las epístolas universales. Es característica típica de los grupos sociales que se encuentran dentro de una cultura dominante el convertirse en una comunidad de resistencia. Esto quiere decir que para garantizar su subsistencia buscan organizarse de manera inversamente proporcional a aquella cultura que directa o indirectamente busca absorberlos. Las primeras comunidades cristianas de extracción judía, que coexistían dentro de las sociedades paganas, buscaron radicalizarse no sólo en asuntos culturales sino con mucha más razón en lo tocante a su fe. Esto sería una buena manera de explicar por qué ante el acecho permanente de la cultura grecorromana se destacaran ciertos énfasis teológicos (la doctrina de la Trinidad, la doctrina de la encarnación de Cristo, la teología de la cruz, etc.) y se enfatizaran ciertos aspectos del comportamiento ético cristiano (comer carne sacrificada a los ídolos, la forma de vestir, etc).

2. Sobre los falsos maestros (3-16)

Como se sabe, esta sección que comienza con el versículo tres es casi una copia de la sección del texto de la segunda carta de Pedro, en el capítulo dos. No hay una explicación definitiva sobre este asunto, pues las posibilidades no sólo son que uno de los dos autores haya interpolado un material tomado del otro, sino también se maneja la posibilidad de que hayan compartido una fuente común, y de ahí el gran parecido. Por otro lado, esto no debería preocuparnos tanto, ya que toda la Biblia, a pesar de los distintos autores y tiempos, está perfectamente respaldada y no se contradice. Además el mismo Espíritu de Dios que inspiró a Pedro fue el que inspiró a Judas; es decir, que hay un factor divino envuelto.

En estos versículos se concentra el contenido de la carta, que como sabemos es unitemática. Por unitemática nos referimos a un solo tema eje, sobre el cual gira toda la carta. Esto podría ser una prueba de lo urgente y delicado de la situación, pues el autor decide poner toda su atención en un único asunto. Judas le sale al paso a un enemigo común de todo el mundo cristiano. Esto se convierte en el tema que lo ocupa. Ese enemigo común de la fe se contrasta con «nuestra común salvación» (v.3). Esto significa que esa salvación no es patrimonio de una iglesia, sino que—al igual que el evangelio—la salvación es también para todos. Para todos aquellos que nos hemos unido a Cristo y hemos sido salvos, Cristo es lo que tenemos en común, nuestra salvación. Vivir permanentemente en esa salvación le da la posibilidad al creyente de mantenerse enfocado en lo que le previene de deslizarse y extraviarse.

Este asunto de la «común salvación» es decisivo en el entendimiento de la dinámica de la carta. Por lo que dice en la introducción y luego en la despedida, el autor parece querer afirmar a sus lectores en la fe en Jesucristo.

El cometido de Judas es asegurarse entonces de que estos hermanos en la fe no pierdan de vista la centralidad de Cristo y su salvación. No es extraño encontrar muchos textos donde se sugiere que la salvación no es un asunto simple y llanamente puntual, sino que necesita ser vivida, es decir, ejercitada. El texto de Judas parece apuntar en esta dirección. Vivir en la salvación y ejercitarla, podríamos decir que es permanecer anclados en los rudimentos de la fe, en sus aspectos más esenciales.

Luego el autor declara su objetivo expreso en relación con la carta: «que contendáis ardientemente por la fe, que ha sido una vez dada a los santos» (v.3). La carta es para motivarlos a defender la fe y por eso les provee con la información necesaria para hacerlo. Los escritores del Nuevo Testamento son los primeros defensores del cristianismo, algo que será emulado posteriormente por los llamados padres apologistas del segundo siglo, quienes defendieron la fe cristiana ante los ataques malintencionados de algunos escritores de su tiempo. Los apologistas debieron conocer muy bien la forma y el contenido filosófico de la cultura en la que se encontraban, para poder rebatir los ataques y las imputaciones que se le hacían al cristianismo. De la misma manera, Judas, como podemos ver, está bien versado en materia de la heterodoxia (desviaciones heréticas), y por lo tanto calificado para enfrentarse a estos maestros espúreos (de origen dudoso).

La carta de Judas aunque breve, es uno de los documentos más importantes del Nuevo Testamento que pudieron ser utilizados para identificar excesos y desviaciones doctrinales en aquellas iglesias. Judas completa una radiografía exhaustiva para poder diagnosticar la presencia de falsos maestros y herejes.

Judas también precisa el origen de este problema: «Porque algunos hombres han entrado encubiertamente...». A estos los llama «hombres impíos», que se caracterizan por vivir libertinamente y por negar a Dios y a Jesucristo (v.4). No sabemos con detalles quiénes eran estos «hombres impíos», y tampoco los métodos de que se valieron para penetrar dentro de las comunidades de fe primitivas. Judas dice que fue «encubiertamente», lo cual nos permite pensar que se trataba de alguien que conocía de la dinámica interna de la iglesia, y desde adentro se encargó de torcer las enseñanzas. Eran hombres a quienes aparentemente no se podía percibir fácilmente como malvados, pero su proceder y objetivos eran destructores. Esa manera solapada de llegar a las comunidades de fe hacía que este problema fuese altamente delicado y de crucial importancia. Estos maestros podían ser como aves de rapiña tratando de saquear un nido ajeno. Debieron ser la causa de muchas divisiones dentro de las comunidades de fe y de que muchos cristianos se apartasen irremediablemente del camino al que habían sido llamados.

En los versículos catorce al dieciséis el autor utiliza una referencia a Enoc, para por medio de ella referirse a los herejes como «pecadores impíos» que hacen cosas impías. Escribe Judas al citar a Enoc: «Vino el Señor con sus santas decenas de millares, para hacer juicio contra todos y dejar convictos a todos los impíos de todas sus obras impías que han hecho impíamente, y de todas las cosas duras que los pecadores impíos han hablado contra él». Esta cita es tomada del *Libro de Enoc,* que pertenece a la literatura judía no canónica. Enoc es uno de los patriarcas del pueblo de Israel, hijo de Caín (Gn 4), y de quien se dice que fue fiel a Dios (Gn 5.18-21).

La cita que Judas toma de Enoc es concisa y precisa, para abordar el tema que le ocupa. Judas ha tomado intencionalmente este texto proveniente de la tradición hebrea para resaltar las consecuencias que acarrean quienes se ocupan de hablar mal contra el Señor. Judas no está dispuesto a hacer ninguna concesión a quienes se han dedicado a esta oscura actividad. No los trata como personas confundidas o que actúan sobre la base de una desinformación. Al igual que Enoc, se refiere específicamente a casos de blasfemia y no de ignorancia religiosa. De ahí el juicio tan severo que anticipa para los tales. Hablar mal contra el Señor no es algo que pueda tomarse ligeramente. La murmuración trajo grandes consecuencias contra Israel en tiempos de los patriarcas. En eso se basan las tremendas advertencias de esta carta.

El término «impío» significa en el contexto bíblico lo opuesto a sabio. Sabio es quien sabe diferenciar entre el bien y el mal, y sabe tomar la correcta decisión en su vida. Un impío es uno que no sabe distinguir, y ni siquiera su conciencia humana le ayuda a discernir lo bueno. Por lo tanto, la vida de tal persona está ligada a las acciones equivocadas.

En los versículos cinco al siete, el autor usa una serie de ejemplos para ilustrar las consecuencias que acarrean sobre sus vidas quienes se apartan de la voluntad expresa de Dios. Esos ejemplos utilizados para mostrar el castigo de Dios sobre los tales comienzan con el pueblo hebreo que salió de Egipto y se rebeló contra Dios en el desierto. Judas afirma: «Destruyó a los que no creyeron» (v. 5). Menciona también el ejemplo de los ángeles que se rebelaron contra Dios en tiempos prehistóricos. También deja clara la consecuencia de ese desvío: «...ha guardado bajo oscuridad, en prisiones eternas, para el juicio del gran día» (v. 6). Por último, utiliza como ejemplo a las tristemente célebres ciudades de «Sodoma y Gomorra». Una vez más nos deja saber las consecuencias: «fueron puestas por ejemplo, sufriendo el castigo del fuego eterno» (v. 17). Estos tres relatos del Antiguo Testamento son parte de la argumentación de Judas para enseñar que rebelarse o apartarse del plan de Dios trae graves consecuencias.

En realidad lo que el autor busca relevar es la gravedad de esta práctica, la cual no es un acto inocente de alguien sinceramente confundido, sino el acto rebelde de alguien perverso. Aunque limitado, podríamos dar como ejemplo la electricidad. Dios muchas veces se parece a ella. La electricidad nos puede proveer de grandes beneficios y comodidades; pero si alguien usa equivocadamente de ella, puede ser causa de su muerte.

Los ejemplos que Judas utiliza tienen un denominador común. Todos ellos terminan en un acto de destrucción. Esto nos hace pensar que quien se da a una práctica tan malévola no puede ser remediado de ninguna otra manera, sino por el desarraigo completo. Es como una parte de nuestro cuerpo engrangrenada a la cual no se le puede suministrar más medicina y el único recurso a usar para salvar el cuerpo es la amputación. Aunque no está dicho de esta manera en el texto de Judas, los ejemplos que utiliza no han sido escogidos al azar, sino que reflejan una intención particular. Hay otras situaciones donde el texto bíblico parece sugerir procedimientos de restauración y de reinvindicación de personas que han cometido faltas. A juzgar por lo que vemos en el texto de Judas, éste no es uno de esos casos.

En los versículos del ocho al dieciséis, Judas pasa a describir con muchos detalles la naturaleza, creencia y práctica de estos falsos maestros. Muchos piensan que esta lista, aunque abultada, es todavía demasiado ambigua para poder reconocer a los dichos maestros del mal. Es muy probable que las características mencionadas por Pedro y Judas fueran muy específicas para el contexto particular de los destinatarios de ambas cartas. Algo que debe llamar nuestra atención es el hecho de que tanto Pedro como Judas están dibujando con sus escritos un perfil detallado de quiénes eran estos falsos maestros y herejes. Se puede decir que es algo así como «un retrato hablado» de quienes se habían convertido en enemigos públicos de la fe cristiana en este período.

Los tres ejemplos que Judas toma del Antiguo Testamento (los israelitas fuera de Egipto, los ángeles caídos, y la historia de Sodoma y Gomorra) bien podrían ser la manera sintetizada en que se le presentan al lector los tres grandes pecados (mortales) de estos falsos maestros. Si prestamos atención a las descripciones hechas de estos hombres impíos, encontraremos que pueden bien ir de la mano con las descripciones hechas a través de las ejemplificaciones del Antiguo Testamento. Por ejemplo, los israelitas, dice Judas, «no creyeron». Esto quiere decir que pecaron al dudar, al hacer caso omiso a la palabra de Dios y a sus promesas, y desobedecieron. El pecado cometido por estos israelitas en el desierto no fue simple y llanamente lo que catalogaríamos de incredulidad, sino además la murmuración, protestar en contra de Dios.

Las advertencias de Judas, como ya dijimos, son parecidas a los oráculos proféticos del Antiguo Testamento. Judas pareciera estar manteniendo viva la tradición profética dentro de la iglesia del Nuevo Testamento. Como sabemos, los profetas en la historia de Israel fueron el muro de contención de los falsos maestros que buscaban desviar al pueblo de Dios.

En el caso del último de los ejemplos, el asunto tiene que ver con la inmoralidad; y más aún, tiene que ver con un tipo de inmoralidad tan degradante que está en contra de la naturaleza. Cuando Judas se refiere a las ciudades antiguas de Sodoma y de Gomorra, dice que estas ciudades, «Habiendo fornicado e ido en pos de vicios contra la naturaleza...». Tenemos entonces una clara referencia a la inmoralidad desmedida. Ahora bien, es importante notar que estos tres pecados van en una línea cada vez más pronunciada de decadencia; es decir, van de lo menor a lo máximo, de lo malo a lo peor. Este perfil de los llamados «hombres impíos» puede verse también como un recurso didáctico para escarmentar a otros posibles seguidores de falsos maestros. Los extravíos doctrinales pueden llegar a ser como enfermedades altamente contagiosas. Por lo tanto, es muy posible que el escrito pudo tener un carácter preventivo para quienes se veían vacilar en sus creencias.

Tenemos entonces que Judas parece estar presentando ante nuestros ojos una escalera de maldad que por sí misma juega un rol ejemplificante. El autor de la carta no ha vacilado en utilizar las ilustraciones bíblicas más extremas al hablar de este tema. Esto debe tomarse en cuenta para mostrar lo grave del asunto y la necesidad que Judas ve de remediarlo. Esta categorización puede ayudarnos también a entender cómo el ser humano degenera por la práctica del pecado. Judas parece estar sugiriendo niveles de degradación que terminan por ser intolerables ante los ojos de Dios.

Entonces tenemos que en línea general los «hombres impíos», los también llamados «soñadores» (llevados por sus sueños o delirios, ilusos), son básicamente desobedientes al plan divino, rebeldes a la autoridad divina e inmorales al punto de ir contra la propia ley natural. Con relación a esto último, el ejemplo tiene que ver con Sodoma y Gomorra cuyos habitantes se unían sexualmente en contra de la naturaleza. Otra manera de ir en contra del orden creado es, como dice Judas, blasfemar «de los poderes superiores» (v. 8). Todo poder superior (ángel en otro caso) no ha de ser blasfemado, es decir, ofendido en ninguna manera. Es así como estos falsos maestros actuaban contra la naturaleza. Actuar en contra de la naturaleza es actuar contra el orden establecido por Dios, lo cual se constituye en algo vil (v. 10).

Insultar o hacer burla de las autoridades, sean celestiales, espirituales o seculares, no es un principio, norma o mandato cristiano—aun cuando esta carta se escribe en tiempos de dificultades con algunas de esas autoridades. Es por eso que el autor usa el versículo 9 para ejemplificar su enseñanza, utilizando un episodio en el que el arcángel Miguel combate con el diablo mismo. Esto indica que la autoridad de los creyentes sobre esas potestades no reside en el creyente mismo, sino en la autoridad divina. La llamada «guerra espiritual» que se practica en algunas iglesias contemporáneas consiste erróneamente en «sacudir el avispero» por medio de insultos y desafíos a las autoridades espirituales del mal. Tal práctica no tiene base bíblica. Dios en su guerra contra el mal no lo destruye por medio de insultos, sino por medio de su Palabra, su presencia y autoridad.

Dos cosas importantes hay que establecer en relación con este punto. La primera es el hecho de que se considere la actitud de Sodoma y Gomorra como algo contranatural: «...idos en pos de vicios contra la naturaleza...» (v. 7). En la Biblia, la naturaleza no se utiliza normalmente como criterio objetivo del bien. Y cuando se da el caso, que es en muy pocas ocasiones, se trata de actos depravados. Una depravación no sólo es el abandono de los principios y leyes espirituales, sino también es un acto donde se ha abandonado incluso las leyes básicas de la naturaleza. El depravado es un antinomista, es decir, uno que no contempla ninguna ley más que la de sus propios apetitos carnales. El enseñar en contra de Dios y en contra de la «doctrina de Cristo», puede ser considerado como un acto perverso, ya que conlleva una malévola intención de oponerse activamente a Dios y a sus deseos.

Ahora bien, el asunto de la blasfemia «de los poderes superiores», lo cual caracteriza a los «impíos», es Judas quien mejor lo explica. Precisamente porque hay un orden establecido que incluye la esfera de lo espiritual y la de lo natural, estas no pueden ser violentadas caprichosamente. El respetar esa realidad con la cual el universo fue organizado por Dios es algo que los cristianos deben hacer en todo momento. En tiempos recientes ha resurgido en muchas iglesias la práctica de la llamada «guerra espiritual». Esta modalidad de oración puede ser utilizada de manera equivocada si no se toma en cuenta lo que Judas enseña en esta carta. No debemos bajo ningún concepto insultar a los poderes superiores.

Tres otros ejemplos igualmente sugestivos añade el texto: Caín, Balaam y Coré. Al utilizar estos tres personajes mencionados en el Antiguo Testamento, el autor busca revelarnos las intenciones ulteriores de quienes se ocupan de extraviar a otros. En el caso de Caín sus actos estuvieron marcados por el odio fratricida. Balaam tenía por motivación el lucro, las riquezas. Y Coré se movía por pura envidia. Cada uno de estos personajes representa un error o una tendencia que caracteriza a los falsos maestros. Caín (Gn 4.3-8), es el asesino; Balaam (Nm 23; 24; 31.8-16), el simoníaco y Coré (Nm 16), el murmurador envidioso. Con estos nuevos ejemplos el autor nos permite ver más adentro. Nos permite ver el carácter de estos individuos. De esta manera obtenemos una visión de conjunto; es decir, podemos reconocer rasgos externos (conducta) y los internos también (las intenciones). Es como una fotografía verbal del corazón de estos individuos. Judas cierra magistralmente esta sección con una cita directa del patriarca Enoc que le permite reforzar su bien tramada línea de pensamiento.

3. Exhortaciones finales a la iglesia (17-23)

En esta pequeña sección Judas resume su exposición y reta a sus hermanos. Termina por describir a los falsos maestros en esta sinopsis: «Causan divisiones, viven sensualmente y no tienen el Espíritu» (v. 19).

Los falsos maestros son causa permanente de división al interior de la iglesia. Quien permite y fomenta la división no debe ser tenido por líder ni maestro legítimo de la iglesia de Dios. Luego sigue con la expresión: «viven sensualmente»; esto quiere decir que se conducen sólo a base de lo que pueden obtener por medio de sus sentidos. Por eso se especializan en encender emociones y crean sentimientos de muchos tipos en sus audiencias. Se podría decir que son grandes manipuladores, maestros de la seducción, la persuasión y la sugestión. Por último, Judas revela lo más funesto de todo: «no tienen el Espíritu». Esto quiere decir que no son gente redimida. No conocen a Dios. Son meros charlatanes. Por no tener el Espíritu Santo, estos hombres y mujeres pueden ser instrumentos de espíritus contrarios al Espíritu de Dios y de la revelación escrita.

No tener el Espíritu Santo imposibilita a cualquier ser humano para hablar debidamente de Dios. El ser humano sin el Espíritu termina por crear su propio dios o sus propios sistemas religiosos. El camino de la salvación no es algo que podamos derivar de nuestra propia mente. El evangelio está fuera de nosotros (no pertenece al ámbito de la teología natural), y por ello necesitamos al Espíritu de Dios para poder entender las cosas de Dios. Por eso Pablo dice: «Sin embargo, hablamos sabiduría entre los que han alcanzado madurez en la fe; no la sabiduría de este mundo ni de los poderosos de este mundo, que perecen. Pero hablamos sabiduría de Dios en misterio, la sabiduría oculta que Dios predestinó antes de los siglos para nuestra gloria, la cual ninguno de los poderosos de este mundo conoció, porque si la hubieran conocido, nunca habrían crucificado al Señor de la gloria. Antes bien, como está escrito: "Cosas que ojo no vio ni oído oyó ni han subido al corazón del hombre, son las que Dios ha preparado para los que aman". Pero Dios nos las reveló a nosotros por el Espíritu, porque el Espíritu todo lo escudriña, aun lo profundo de Dios, porque ¿quién de entre los hombres conoce las cosas del hombre, sino el espíritu del hombre que está en él? Del mismo modo, nadie conoció las cosas de Dios, sino el Espíritu de Dios» (1 Co 2.6-11).

En contraste con lo que ha dicho de los burladores, Judas le presenta un gran reto a la iglesia como único recurso para permanecer firmes: «Edificaos sobre vuestra santísima fe» (v. 21). A diferencia de lo que hacen los falsos maestros, la fe no provoca ningún tipo de divisiones, ni es sensual. La fe es producto de la obra del Espíritu Santo. Luego Judas añade: «Conservaos en el amor de Dios...». Ese amor, al igual que la fe, no divide, ni exacerba emociones y es el fruto del Espíritu Santo. La receta de Judas a las iglesias es sencilla pero significativa; simple pero eficiente; corta pero perfecta. Todo se resume en esto: fe y amor. Mientras los cristianos nos mantengamos viviendo sobres esos dos fundamentos tendremos un equilibrio perfecto. Ese binomio de fe y amor está sincronizado con el pensamiento teológico de los otros escritores de esta colección de cartas.

En los versículos 22 y 23 deja unas recomendaciones muy prácticas. Recomienda que los creyentes lleven al convencimiento a quienes tienen duda. A los que no son salvos, que se les procure provocarlos a salvación. Y por último, que con los demás, se practique la misericordia con temor.

Estas últimas recomendaciones sobre el comportamiento de los creyentes para con quienes se apartan o son simplemente «impíos», que no conocen a Dios, parece estar en línea con lo que se recomienda en los evangelios cuando se nos dice que tales personas han de ser tenidas «por gentiles y publicanos». Esto quiere decir, tenedles por alguien que necesita ser convencido de la verdad.

4. Doxología (24)

Este es sin duda el versículo más conocido de toda la carta. Se trata de una despedida en forma de doxología, lo cual era usanza en círculos relacionados con la iglesia. Esta manera de concluir con esta carta es sin duda genial. Uno de los asuntos que se puede ver con toda claridad es que hasta el último versículo está tratando de animar a estos feligreses. El decirles: «Aquel que es poderoso para guardarnos sin caída...» es una promesa que Judas se guarda hasta el último momento. Les informa que Dios puede sostenernos y no quiere que caigamos. Ese es precisamente el objetivo de la carta, infundir aliento, fe y esperanza en medio de una situación complicada. Judas les asegura a sus hermanos que Jesucristo nuestro Salvador puede: « guardaros sin caída y presentaros sin mancha». Es una gran promesa que trae fortaleza a nuestros corazones como una vez la trajo al de aquellos hermanos y hermanas. Recordarles de esta promesa fue sin duda algo de mucho consuelo para quienes vivían en circunstancias difíciles.

Conclusión general

Las llamadas epístolas universales, de que nos hemos ocupado, representan un verdadero reservorio para la vida y misión de la iglesia de hoy, tal y como lo fueron en su propio tiempo. Aunque fueron escritas por varios autores en lugares y bajo circunstancias diferentes. Podemos notar algunas características afines que deseamos presentar aquí.

a. Las epístolas universales no tuvieron un destinatario único. Esto quiere decir que tenían carácter de circulares destinadas a regiones geográficas relativamente amplias.

b. Los autores de las epístolas universales guardaban estrecha relación con sus audiencias. Lo más probable es que fueran responsables por un conjunto e iglesias en una región determinada, o que por alguna razón tuviesen autoridad sobre ellas.

c. Las epístolas universales surgen como respuesta pastoral ante la necesidad de comunidades cristianas, posiblemente en el primer siglo o a principios del segundo. Las necesidades más comunes eran las de recibir consolación ante las situaciones adversas por las que pasaban, y recibir instrucción sobre aspectos doctrinales y éticos básicos para el crecimiento espiritual.

d. Las comunidades a las cuales dirigen estas cartas eran mayormente de origen judío, compuesta de judíos que se encontraban fuera de Palestina por diversas razones. Eso quiere decir que se trataba de un grupo bastante homogéneo desde el punto de vista étnico y cultural, pero que sin embargo existía al interior de otra cultura dominante.

e. El carácter de estas cartas universales es parenético. Esto quiere decir que su intención principal no es promover conocimiento intelectual o proveer nueva información, sino estimular hacia una conducta o estilo de vida particular. Su intención es afirmar o enmendar el comportamiento de los cristianos.

f. Estas epístolas proveyeron un marco ético para darle consistencia y efectividad a la experiencia histórica de la fe, en especial ante asuntos que emergían de aquella situación histórica. Esto quiere decir que las cartas universales tuvieron un carácter contestatario: buscaban responder a situaciones concretas.

g. También lograron proveer declaraciones teológicas fundamentales que servirían de plataforma para el posterior desarrollo de doctrinas sostenidas por la iglesia cristiana hasta hoy. Aunque las cartas no pretendían ser discursos teológicos, ofrecen una base teológica rica que se convertiría en lo sucesivo en un verdadero legado para la fe cristiana.

h. Estas epístolas esperaban ser recibidas por sus respectivas audiencias con carácter autoritativo. Esto quiere decir que su contenido debía ser normativo para la vida y misión de aquellas comunidades.

i. Las epístolas universales son una ventana por medio de la cual podemos recrear la dinámica de la iglesia en el primer siglo. Nos dan a entender los desafíos de la iglesia cristiana.

j. Con excepción de Santiago, las epístolas universales poseen una fuerte teología trinitaria.

k. Hay en las cartas universales una preocupación sobre el asunto de los falsos maestros, la herejía y las desviaciones doctrinales, lo cual sugiere que esto fue uno de los grandes retos de la iglesia del primer siglo.

Bibliografía

Barclay, William, *El Nuevo Testamento comentado* (Buenos Aires: La Aurora, 1983).

Bonsirven, J., *Cartas de Juan: Introducción y comentario* (Madrid: Ediciones Paulinas, 1967).

Brown, Raymond I., *La comunidad del discípulo amado* (Salamanca: Ediciones Sígueme, 1996).

Cothenet, Edmond, *Las cartas de Pedro* (Navarra: Editorial Verbo Divino, 1994).

Halley, Henry H., *Compendio manual de la Biblia* (Chicago: Moody, 1970).

Hendriksen, Guillermo, *Comentario del Nuevo Testamento* (Grand Rapids: Tell, 1980).

Jeremias, Joaquín, *Teología del Nuevo Testamento* (Salamanca: Ediciones Sígueme, 1996).

Lutero, Martín, *Comentario Bíblico de Martín Lutero* (Barcelona: CLIE, 1996).

McBurne W. Stewart, *El retorno a la iglesia primitiva* (Barcelona: CLIE, 1982).

Marshall, I. Howard, *Las cartas de Juan* (Grand Rapids: W.B. Eerdmans, 1991).

Marxsen, Willi, *Introducción al Nuevo Testamento: una iniciación a sus problemas* (Salamanca: Sígueme, 1983).

Morgen, Michèle, *Las cartas de Juan* (Navarra: Editorial Verbo Divino, 2000).

Epístolas universales

Obermüller, Rodolfo, *Testimonio cristiano en el mundo heleno-oriental* (Buenos Aires: La Aurora, 1978).

Tamez, Elsa, *Santiago* (San José, Costa Rica: DEI, 1992).

Thüsing, W., *Las cartas de Juan* (Barcelona: Editorial Herder, 1973).

Tuñí, J.O. y Alegre, X., *Estudios joáneos y cartas apostólicas* (Navarra: Editorial Verbo Divino, 1994).

Printed in the United States
146091LV00003B/1/A

9 780806 653365